José Maria Ramada

Nasceu a 2 de setembro de 1958, em Medelo, concelho de Fafe. Foi o primeiro de quatro filhos de uma família humilde.

Sempre teve uma queda especial pela escrita, escrevia poesia e alguns textos, apenas pelo simples prazer de o fazer.

Estudou até ao 11º ano, porém, com a morte do pai, teve de começar a trabalhar, concluindo anos mais tarde o curso geral dos liceus.

Como quase todos os jovens daquela época, foi cumprir o serviço militar.

De regresso a Medelo, sua terra natal, iniciou um novo trabalho, mas sempre com o sonho de trabalhar como cozinheiro, algo que já ia fazendo nas suas atividades de escuteiro.

Emigrou para a Suíça em 1981, para trabalhar na restauração, onde as portas se lhe abriram e pôde então tirar os cursos de chefe de cozinha e, posteriormente, de formador, cursos que até hoje abraça com toda a dedicação.

Escondia o sonho de um dia editar um livro de poesia, mas uma vez mais o coração falou mais alto e aceitou o desafio de escrever e editar uma história infantojuvenil, o seu primeiro livro, "Flauta Partida". Seguiu-se "A Viagem".

E, agora, eis o fruto de alguns anos:

"Vagueando em sonhos"

José Maria Ramada

Vagueando em sonhos

EDIÇÕES VIEIRA DA SILVA
Lisboa
2014

Autor: José Maria Ramada

©2014 José Maria Ramada e Edições Vieira da Silva, Lda.
Reservados todos os direitos de acordo com a lei em vigor.

Esta obra é uma publicação de Edições Vieira da Silva, Lda.
Rua Cidade da Horta, nº 1, 2º Esq. Fte.
1000-100 Lisboa
Endereço Web: www.edicoesvieiradasilva.pt
Correio eletrónico: geral@edicoesvieiradasilva.pt

Título da obra: VAGUEANDO EM SONHO
Coordenação editorial: António Vieira da Silva
Composição gráfica: José Chaves – Deptº. Gráfico de Edições Vieira da Silva
Capa: Sob fotografia de Filomena Menezes

Revisão: Catarina Lopes

Impressão e acabamento: Publidisa
1ª Edição: março de 2014
ISBN: 978-989-736-255-2
Depósito legal: 374352/14

Nota da Editora:
O conteúdo literário e plástico desta obra é da inteira e exclusiva responsabilidade do autor.

Dedico este livro a duas pessoas especiais. Sem a sua existência, eu não seria quem sou.

Aos meus pais

Ao meu pai, pessoa íntegra que, passando imensas dificuldades ao longo da sua vida, nunca se negou a sacrifícios para dar aos filhos a educação que hoje nos orgulhamos de ter.

Através dele, ganhei o gosto pela escrita e pela leitura, pelo seu hábito diário de ler jornais ou até alguns livros, comprados com dificuldade.

À minha mãe, a pessoa mais simples que até hoje conheci, que se dedicou aos filhos, sendo portadora de uma bondade extrema e que sempre recordo.

Agradecimentos

- **À professora Paula Miranda**, que, ao ler alguns dos meus poemas, me incentivou a não parar, sendo também a pessoa responsável por ter concluído o 12º ano;

- **Ao meu filho José Luís**, que desde o dia em que lhe mostrei o primeiro esboço acreditou no meu sonho e pediu-me para continuar;

- **À Filomena Menezes**, alguém especial, que acreditou que eu iria conseguir. É graças a ela que este sonho chegou ao fim da sua caminhada, insistindo para não mais adiar e disponibilizando-se para me acompanhar por largas horas;

- **À professora Graça Correia**, a pessoa que roubou ao seu tempo, tempo para a correção.

- **A alguns conhecidos** que em algum lado liam e nos meus poemas se reviam, em especial aos que choraram, quando os seus olhos percorriam algum poema que lhes oferecia.

Que me perdoem aqueles que não menciono, mas que sempre me encorajaram.

José Maria Ramada

Prefácio

O Amigo que todos gostariam de ter

Reconhecidamente, a sociedade está a ser assolada por grandes alterações. Há uma inversão (e, em alguns casos, perversão) de valores. Os anteriores modelos de formação e educação são hoje considerados retrógrados, sendo recorrentemente substituídos por novos conceitos e paradigmas. Socialmente, sobrevaloriza-se o que cada um possui, em detrimento das suas qualidades humanas.

As injustiças generalizaram-se e são geradoras de assimetrias. De facto, idolatram-se indivíduos em função da sua riqueza, mesmo sendo de paupérrima qualidade humana, enquanto outros são relegados para plano secundário, não obstante serem pessoas íntegras e moralmente superiores.

O José Maria é, em minha opinião, um dos homens que mantêm toda a sua estrutura educacional intacta. Alicerça toda a sua vida em valores como honestidade, competência, trabalho, dedicação, tolerância, paz e solidariedade, características estas que provêm de uma educação meritória ministrada pelos seus pais, que soube interiorizar, aliada a uma formação escolar positivamente desenvolvida por si. Não será também alheia a sua capacidade de saber caminhar ao longo da vida munido da sensibilidade que lhe permite acreditar naquilo que a nós transcende, não tendo, por isso, uma visão redutora e materializada da vida.

José Maria Ramada

No plano pessoal, a minha proximidade com o Zé começou na nossa meninice - éramos vizinhos -, mas aprofundou-se a partir de 1973, nos Escuteiros. Logo ali ele se foi assumindo como um líder nato. A sua alegria, o seu espírito de camaradagem, as suas qualidades como bom orador e bom conselheiro, a sua dedicação e disponibilidade para ajudar os amigos tornaram-no num dos melhores e mais respeitados elementos do agrupamento. Os níveis de empatia gerados por si foram sempre muito elevados e quando, em determinada fase, decidiu partir em busca de melhores condições de vida para a sua família, deixou um enorme vazio junto dos seus colegas escuteiros e dos amigos de infância.

Posteriormente, após o seu regresso da Suíça, Zé Maria reassumiu a posição como dirigente e demonstrou de novo todas as suas qualidades, mesmo no contexto regional e nacional, junto das estruturas organizacionais do CNE. Por alguma razão é o escuteiro de Fafe mais condecorado, embora a sua modéstia o leve a não falar sobre este assunto. Como costuma dizer, **"as melhores medalhas que podemos receber são os sorrisos dos jovens no final de cada atividade"**. Dotado de elevados conhecimentos de toda a filosofia inspiradora do escutismo, que nos foi legada pelo fundador Baden-Powell, tem-se revelado como um dos mais dinâmicos e pragmáticos na sua implementação junto dos nossos jovens. A sua dimensão humana saiu reforçada com a passagem pelo Lar de Crianças e Jovens de Revelhe. Irrefutavelmente, a proximidade com estes "marginalizados" da sociedade consumista que nos rodeia revelou ainda mais a sua faceta solidária. Em regime de semivoluntariado, dedicou-se de alma e coração durante mais de um ano e meio a uma causa que muitos consideravam perdida. No entanto, com o seu saber e experiência, conseguiu concretizar o sonho inicial de inseri-los na sociedade, muitas vezes injusta, no entender de Zé Maria, que sempre tratou aquelas crianças como as flores do seu jardim. Dedicou-lhes muitas horas e muitos dias do seu descanso, inserindo-os em atividades escutistas, com os seus jovens exploradores.

O homem que põe muitas vezes os outros à frente de si mesmo, que coloca causas acima de tudo e de todos é bem a mostra do homem que me foi dada a honra de descrever. Reconheço, no entanto, que é muito difícil falar do Zé Maria, homem e escuteiro, pois nunca se sabe bem quem é um e outro, definindo ainda melhor os contornos daquele que os seus amigos sinceros não têm relutância em qualificar como um **"excelente Ser Humano"**.

Não conhecia de forma alguma a sua veia poética, mas, como o ouço muitas vezes dizer, a vida é feita de sonhos e com certeza este era o sonho mais bem guardado deste sonhador com um Mundo melhor.

Com muita Amizade,

H. Rogério Silva Ferreira

A minha poesia

Não sei escrever poesia
Apenas junto umas letras no meu dia a dia
Mas se escrever poesia
E juntar essas letras e palavras
São as mesmas que me fazem sentir com vida
Que seria de mim se não juntasse umas letras
E inventasse a minha poesia?
Seria com toda a certeza
Uma vida muito vazia
Uma mão cheia de nada
Numa vida amargurada
Não seria nunca um poeta, muito menos escreveria
Porque o que escrevo sobre o amor
É o que me vem da dor
Nunca serei nada nem ninguém
Simplesmente alguém
Que, de caneta na mão, coloca em papel
O que sente no coração
E a alma me dita
O que desperta a sensação
De quem se imagina nestes riscos
Quando escrevo lágrimas e sorrisos
Porque outra coisa não sei fazer
Apenas viver e também sofrer
E as poesias tentar escrever.

MESMO DISTANTE, AMO-TE

Foi uma passagem, um momento
Deixou em mim um profundo sentimento
Recordo o teu carinho
Mesmo distante
Sinto ao longe a tua imagem
Não o posso esconder
Estás comigo, no pensamento
Mesmo distante
Não acreditas, já disseste
As vezes que digo amo-te
Mostras a tua indiferença
Com as tuas parcas palavras
Que muito magoam este coração, mesmo à distância
Recordo as tuas mãos nas minhas
Nossos corpos entrelaçados
As carícias que trocámos
E quando fizemos amor
Nada te diz esse momento?
Não consigo compreender
Os teus medos e receios
Continuo a sonhar mas a sofrer
Mesmo à distancia,
O amor que sinto por ti
Sabes, meu amor,
Tudo na vida é como um jardim
Para florir, necessita ser tratado
Esperarei o tempo que for preciso
Regarei cada dia a planta do amor
Para que possa florir
E quando de novo te tiver em meus braços
Poder voltar a sorrir

Perdido

Sinto-me perdido,
Assola-me a nostalgia
Não posso evitar pensar em ti
Os dias são ainda mais duros,
Escuros,
São frios e tristes sem a tua presença
É grande confusão
Neste louco coração
Sinto-me infeliz
Alma vazia, coração triste
A minha vida mudou
O escuro é a cor que me tocou
Por viver sem ti

Entre papéis e recordações
Procuro entre as minhas coisas
Algo que me ligue a ti
Algo que me faça sentir-te
Uma foto que seja.
Mas tu não estás mais aqui
Partiste, mas não sozinha
Como um dia chegaste à minha vida
Levando um pouco de mim
Sinto-me perdido sem ti.

Ama-me como sou

Ama-me.
Ama-me como sou
Se assim me amares,
Esta chuva forte e fria das noites de inverno
Em suave orvalho matinal se irá transformar
Nas madrugadas de outono e primavera
Continuando assim contigo a sonhar
Ama-me
Ama-me como sou
Para que os espinhos desta bela e terna flor
Se transformem nas mais belas e perfumadas pétalas
Perfumando a nossa vida e acabando com esta dor
Por onde possamos caminhar, sobre um manto de pétalas
Transformando a dor em amor
Ama-me
Ama-me como sou
Para que a vida tantas vezes cheia de obstáculos
Que tantas partidas nos prega e sacrifícios nos exige
Se transforme num passeio à beira-mar
Contigo de mão dada
Numa bela noite de lua cheia e toda estrelada
Ama-me
Ama-me como sou
Para que os teus olhos possam compreender
O que sente o meu coração
E assim possamos voar ao sabor do vento Norte
Mais alto e mais longe
Perdidos pelo azul do Céu
Ama-me
Ama-me como sou
Pelo que sou
E nunca pelo que gostarias que eu fosse
Ama-me como sou

Suicídio

Entardecer triste,
Um carro que para
A noite começa a cair,
Um final de dia como tantos outros
As lágrimas caindo pela face
Marcadas pelo sofrimento de uma vida
Aqui onde estou,
Já não dá para voltar atrás
Nas alturas deste penhasco,
Que outrora era uma imagem de beleza.
Hoje, não passa de um local sombrio
Aqui estou eu, à beira do abismo
Que fazer?
Meu corpo baloiçando
O coração despedaçado de dor
As lágrimas caindo
O olhar vazio, sem réstia de esperança
Apenas um pensamento em alguém distante
Num momento,
O impulso que ainda faltava
Meu corpo atravessa o vazio
Parece uma eternidade no tempo e espaço
Os metros que me separam do solo
Não sou eu que me faço voar
Mas tão só o meu corpo que cai

O alto desaparece, olhos turvos de lágrimas
Um corpo desfeito entre pedregulhos
Um baque surdo pelo choque
Um coração que deixou de bater
Mas um homem que deixou de sofrer

José Maria Ramada

Grito de Amor

Nas margens deste rio
Pés nas águas límpidas, gélidas, corredias
Sentado à tua espera
Pássaros chilreando, peixes prateados alheios a tudo
Apenas um coração que desespera
Imagino a tua imagem
Na límpida água corrente
Apenas me apetece gritar
Aos peixes, aos pássaros e ao vento
O que este coração sente
Amo-te, amo-te
Grito o que sinto
Uma mágoa e angústia dentro de mim
Algo profundo e triste
Nunca me senti assim

Porquê?
Esta forma tão estranha de sentir
Mágoa e angústia tão grande
Apenas apagada num grito.
Falta-me a vontade de outrora
Até de sorrir
Sinto esta imensa vontade de gritar
Olhar o vazio no horizonte
E, uma vez mais, este grito de amor dar

Entraste levemente

Entraste levemente
Pela janela do meu quarto
Como brisa suave
Nesta noite de verão
Nem as cortinas sentiram
O teu suave entrar
Quando te deitaste a meu lado
Apenas o sentiu o meu coração
Meu corpo nu adormecido
Tu olhavas com carinho
Teus lábios colados nos meus
Tuas mãos percorrem meu corpo
Eu apenas sonhava
Quis tocar-te de leve
Sentir teu corpo no meu
Mas tu não estavas
Como entraste assim saíste
Era apenas um sonho

CHEGAREI

Chegarei sempre a este lugar
Com lágrimas
Ou com um sorriso
Lágrimas, por aquilo que perdi
Sorriso, por aquilo que encontrei
Estarei cada dia
Docemente entre teus pensamentos
Quero ser em cada dia
O raio de sol, que ilumina o teu caminho
Quero ser o doce
Para apaziguar o amargo da vida
Esperando uma vez mais
Aqui estou, vagueando intensamente
No ar uma brisa fresca
No céu as estrelas abraçadas pela escuridão
Apenas o alegre silêncio da noite me distrai
E, assim, penso em ti.
Com os olhos bem abertos
Sonho com os teus doces lábios
Com as minhas mãos perdidas no teu corpo
Sinto o prazer de olhar a tua imagem
O desejo invade-me o sangue
Que fervilha dentro de mim
Imagino-te tão perto e tão longe
Sem ideias próprias fecho os olhos
E vejo a tua imagem
Longe, muito longe,
O olhar para mim sorridente
Tudo é tão apetecível
Com a tentação me perco
Pareço um fugido sem lar
Mas de repente abro os olhos
E tu não estás, as incertezas continuam

Com o desejo de te ver novamente
Olho as estrelas, pensando te encontrar
Mas a lua diz-me, sorrindo.
Olha para o alto, lá longe,
A estrela que mais brilhar
É a que sempre te irá amar.

Um pouco de nós

Tenho vontade de dizer e gritar
Dai-me um pouco de atenção para vos dizer
que a esperança é fogo, é chama, é luz
Que é urgente neste mundo acender.
Tenho vontade de dizer e gritar
que o amor é a chave, é a solução
neste mundo onde tudo está a morrer
quero continuar a dizer e gritar
Por favor dai-me um pouco de atenção
Para que a paz, que é flor, possa desabrochar,
Para que possa nascer no nosso coração
Sou, somos, sois ainda jovens!
Mas, eu sei,
As pessoas que amanhã queremos
Vão crescer dentro de nós
Com carinho e amor num jardim
Porque nós somos a solução
sem necessidade de morrer ou gritar
mas sim um pouco de nós podermos dar.

Sonhar contigo

Esta noite, como tantas outras,
Tu não estavas,
Sozinho, copo na mão,
Esperava por ti,
Até que cansado de esperar
Deitei-me e adormeci
Em sonho chegaste sorrindo
Deste-me a mão
Levaste-me contigo
Tocaste meu rosto, beijaste-me
E por fim segredaste-me ao ouvido
Baixinho disseste, amo-te

Dançámos à luz da Lua
Ao sabor do vento
Com o mar ao fundo
Por fim
Naquela praia deitados
Vimos o nascer do Sol
Sonhei, eu sei
Quando acordei
Não estavas ao meu lado
Sozinho na cama, sentia o teu perfume
Ilusão, apenas ilusão
Tu estás distante
Mas estiveste presente por um instante

Esta noite
Quero contigo voltar a sonhar
Vou à tua espera ficar
Quero que me voltes a segredar
E baixinho me digas,
Sou feliz por te amar

CANSADO DE VIVER

Não vale a pena esta minha vida
Esta forma de estar e viver neste mundo
Uma estranha vontade de dar um fim
para que tudo não durasse mais que um segundo
Sou como um vagabundo na rua
Não faz sentido, continuar a viver assim
Estou cansado
Cansado de tanto sofrer

A desgraça que a minha vida se tornou
Diferente de uma vida que sonhei
Poderia, porque não chegar ao fim
Acabou a minha vontade de viver
Muito, mesmo muito cansado de sofrer
Vontade de ser feliz que há muito expirou
Numa imensa desilusão e tristeza se tornou
Como que imersa esta vida em desilusão, afundou
Mais um dia que nasceu e cá estou
Como ontem, hoje também, cansado de viver
Sem mais nada desejar ou sonhar
Apenas, e tão só, pensar em morrer

QUANDO TE VOLTAR A AMAR

É madrugada, continuo acordado
A tua imagem a persistir no meu pensamento
Não consigo dormir sem contigo falar
Quis ligar,
Mas tantas são as vezes que não atendes
Tive medo de te acordar
É quase madrugada e eu ainda não dormi
Liguei para dizer que te amo
Falar dos momentos que felizes passámos
Mas tu nem me quiseste ouvir
Dizendo tonto, e apenas sorriste
Estou sozinho no meu quarto
Entre os lençóis que teimo em não lavar
Para com o perfume do teu corpo poder desfrutar
Abraço o travesseiro e penso em ti
Como tudo seria diferente se sentisses o calor do meu corpo
Mas tu não estás, quem sabe se algum dia estarás
Sentir as tuas mãos a me acarinhar
Mas será que viveremos algum dia em paz o nosso amor?
Quanta dor.
Como podem dois seres como nós viver assim
Eu louco por ti, e tu por mim
E nesta noite tão distantes sem amor
Vai, vai dormir
E sonha, sonha connosco no paraíso
De mãos dadas caminhando no infinito
E para sempre desfrutando desse amor
Eu ao dormir sozinho
Continuarei a sonhar
Com a lua, as estrelas e até o mar
Quando um dia neste universo de sonho
Te voltar a amar.

José Maria Ramada

Reflexão de amor e esperança

Como tudo na vida, temos momentos que sentimos
O quanto alguém nos faz falta
O quanto queremos a alguém
Que não podemos tirar esse alguém do peito
Tê-la em sonhos de qualquer jeito
E abraçá-la
Como em tudo, na vida temos momentos de sonho
Sonhar com o que queremos
Quando sonhamos, somos o que queremos ser
Ainda que muitas vezes a sofrer
Porque apenas temos uma vida
E é essa que temos para cada dia viver

Ter bastante felicidade para fazer feliz
Alguma dificuldade para crescer e ser forte
Amor para dar e receber
Tristeza e mágoa, para ser verdadeiramente humano
Mas, acima de tudo, esperança que posso ser feliz
Para isso, ao longo da minha vida tudo fiz
Para merecer a felicidade que tarda em aparecer
E no meu dia a dia continuar a sofrer
As pessoas mais felizes podem não ter tudo
Mas sabem dar e fazer o seu melhor
Podem até nem ser felizes, mas dão e irradiam felicidade
Porque, no fundo, o futuro mais brilhante
É fruto de um passado mais ou menos interessante
Afinal, só podemos ter sucesso na vida
Se perdoarmos os erros e insucessos
Porque só seremos verdadeiramente felizes
Se amarmos e formos amados.

FECHO OS OLHOS E SONHO CONTIGO

Sabes querida
Naquela noite
Fechei os olhos e sonhei contigo...
Sentado na areia junto ao mar sinto,
Sinto nas ondas o teu nome murmurar
Imagino numa lá longe,
Que começa a formar
E o teu rosto a aparecer.
No entanto, no fresco da noite
Apenas sinto a brisa em meu corpo bater.

Fecho os olhos mais uma vez e sonho contigo
Ah, se tu fosses a brisa do mar
Pudesses meu corpo acariciar,
Pediria aos deuses do vento, do amor e do mar
Para junto de mim eternamente poderes ficar
Apenas queria teus lábios poder beijar

Fecho os olhos e continuo a sonhar
apenas deixaria a brisa partir
com a promessa de amanhã tornar a voltar
sem rumor, junto de mim chegar
e levemente ao meu ouvido sussurrar
Voltei para sempre te amar

Felicidade, quem és? Onde estás?

Felicidade não tem peso, nem medida,
Não pode ser comprada, nem vendida
Não se empresta, não se toma emprestada,
Não resiste a cálculos, porque não é material,
Nos padrões materiais do nosso mundo.
Só pode ser legítima.
Felicidade falsa não é felicidade, é ilusão.
Mas, se eu soubesse fazer contas na medida do bem
Diria que a felicidade pode ter tamanho
Pode ser grande, pequena, cabendo nas conchas da mão
Ou ser do tamanho do mundo.

Felicidade é sabedoria, esperança,
Vontade de ir, vontade de ficar,
No Presente, Passado e no Futuro.
Felicidade é confiança, fé e crença, trabalho e ação.
Não se pode ter pressa de ser feliz,
Porque a felicidade vem devagarinho,
Como quem não quer nada.
Felicidade não é fruto da ostentação, nem do luxo.
Felicidade é desprendimento
Só é feliz quem sabe suportar, perder, sofrer e perdoar.
Só é feliz quem sabe, sobretudo, amar.

MORRO AOS POUCOS

Morro aos poucos
Porque não vejo o que sentes.
Ou porque não quero ver.
Porque não ouço o bater do teu coração.
Ou porque não quero ouvir.

Morro lentamente,
Porque destruo o meu amor-próprio
E não me deixo ser ajudado
Ou porque simplesmente não olho em meu redor.
Destruindo-me pouco a pouco
Morro lentamente
Porque amo sem ser amado
Choro, sem ser chorado

Morro lentamente,
Porque me transformo em escravo dos outros
Repetindo cada dia o mesmo sentimento
Porque não mudo
Ou até porque não me reconheço
Morro lentamente
Porque evito esta paixão
Evito amar-te loucamente
Morro lentamente
Porque me nego a ver o brilho dos teus olhos
Quando me dizes nos olhos, Anjo

Morro lentamente
Quando não me revolto por estar infeliz
Quando não arrisco o certo pelo incerto
Quando não deixo tudo, por um sonho
Morro lentamente
Quando não me permito
Pelo menos uma vez na vida
Arriscar dizendo, amo-te meu Anjo

José Maria Ramada

Meu amor

Meu amor
Sou um homem que vivi
Paguei em alguns momentos
Caro, muito caro, o que aprendi
Acredita
Nos meus olhos
Nas minhas mãos
Podes ver meu passado
Sem entrares no meu coração
Olha
Olha bem profundo
E verás tal como eu
Quão mau é este mundo
Hoje quero parar
Esquecer o que perdi
Pensar que te ganhei
Esquecer o que chorei
Recomeçar,
Basta a teu lado estar
Sentir tua respiração
Deixa-me assim continuar
Dentro de ti me encontrar
Num cantinho do teu coração
Meu amor deixa-me ficar

Outono da vida

A primavera da vida passou
Momentos passados de quem muito se cansou
Hoje, aqui tantas vezes abandonado, outras com muito carinho
Penso no verão porque o filho vai chegar
Penso em cada dia que passa, sou amado e volto a amar
O tempo passa devagar e é muito para gastar aqui
Neste lar, o tempo parece estar parado
Cada sussurro é o respirar do coração
É mais um passo a caminho do fim
Um fim que entra pela porta, mas sou feliz assim
Sinto o aroma do tempo vivido, do conhecimento adquirido
E depois de sonhar, na vida depois dos setenta
Abro os olhos e dou-me conta das folhas a cair
É o outono da vida
Dias, meses e anos sem conta
Mas que hoje sinto cada vez mais o inverno aproximar
As pernas já não ajudam a caminhar
Gritos alegres dos netos, quando me vêm visitar
Mas até isso os filhos, com falta de tempo, talvez,
Me querem tirar.
Já não se recordam, quando ao entardecer
No meu colo se vinham aninhar
E eu com carinho lhes afagava o cabelo
Como hoje queria aos meus netos fazer
E também os ver crescer
Mas a vida é assim, anos e estações
Que alegram, mas também entristecem corações.
O tempo passa, como a primavera, o verão, o outono e o inverno
Passa tão devagar
Assim passa a vida o idoso
Neste lar.

Quando a vida é uma Ilusão

Quando penso na vida
Sinto uma nostalgia e tristeza
Que em nada me deixa saborear
O sabor da felicidade sonhada
Convenço-me de que nada existe
Nem que um dia ela chegue,
Como alguém me amará pelo que sou, assim ao meu jeito
E mais um dia com este pensamento
Na solidão do meu quarto me deito
Novo amanhecer, nova pergunta
Porquê continuar a viver?
Quantas vezes penso que posso mudar o mundo
Fazendo a minha parte e dizendo, mudar
Quantas vezes, penso que posso voar para a felicidade
Dizendo apenas, voar
Quantas vezes pensam que serei feliz
Dizendo apenas, felicidade

Quantas vezes voei em pensamento
Muitas mais, voei com o coração
Quantas vezes fiz feliz e fui feliz, apenas com a fantasia
Mas também com muitos, muitos medos
Dias que vivi sem esperar
Dias que acreditei, mas não aconteceu
Perdi um sonho
Uma desilusão até,
Enganos, muitos mais enganos
Sem poder corrigir onde muitas vezes falhei
Um novo anoitecer, novamente na solidão da noite
Porquê continuar assim?
Que posso fazer com um gesto, com um sorriso ou uma lágrima
Que posso fazer para não perder a esperança
A vontade de voar

A força de acreditar de novo no amor
Sim, quero acreditar, nunca desistir, sonhar
Porque só assim o mundo, para mim,
Continuará a brilhar

Saudades de ti

Saudades
Palavra que magoa e dói
Sentimento único de quem ama
Lembranças queridas de quem partiu
Momentos inesquecíveis outrora vividos
Saudades de ti
Daquele amor ou amizade
Sentimento que acompanha toda a vida
Onde cada momento se fez recordação

Hoje, a nostalgia entrou no meu coração
A tua imagem veio à minha mente
Lembrei-me de ti.
Um sorriso voltou,
Meu coração acelerou de alegria,
Mas também apertou de saudade
E dos meus olhos uma lágrima teimosa caiu
São as saudades que sinto por ti, tão distante,
Sinto tanto a tua falta

Pessoas especiais como tu não se esquecem,
Fica a recordação do Passado
Há mágoa e lembrança no presente
E sonho para apaziguar a dor do futuro
Agradeço a tua amizade
Amizade de ontem, saudade de hoje, mágoa e dor amanhã
Só tenho que te agradecer pelo presente que me deste
Que é a tua amizade.
Hoje ao olhar este rio Douro que encanta,
Nas suas margens sentado,
Recordo-te.
Esta vida, que a correr passa
De dedicação e carinho

José Maria Ramada

Dando um pouco de esperança
Sonhando com um amanhã diferente
Porque tudo isto é saudade
Saudade de ti.

Não pude mais calar

Sei que te vais admirar
Com as minhas palavras,
Hoje não podia mais calar
Já há algum tempo
Que não sabia o que era amar,
Tu marcaste-me,
Quando te conheci, tudo mudou
Os teus olhos, os teus lábios
Apenas penso no teu olhar, na tua imagem
Naquele estilo próprio de ser, amar e calar
Num jeito especial de desejar e não poder abraçar

Conseguiste-me encantar, sem querer
Como foi possível acontecer deste jeito
Eu que já tinha esquecido o que era um beijo,
Tenho medo, medo de me apaixonar,
Medo de me magoar e magoar novamente.
Tu estás no meu pensamento
Na minha mente, desejo ouvir-te constantemente
Mesmo ausente, estás sempre presente
Encantaste-me com teus olhos
Mesmo sem os ver, sem teus olhos olhar,
Teu jeito próprio de brincar
Sem querer fui por ti me apaixonar
Tenho medo de te magoar
Pois já um dia te fiz chorar
Nem quero saber onde tudo nos poderia levar
Melhor seria calar

Tenho medo,
Por isso é melhor esquecer
A vida é no fundo ganhar e perder
Prefiro sorrir
E, calado, sofrer.

Já não sei sorrir

Já não sei sorrir
Algo me magoou e assim me colocou
Alguém a quem sempre amarei
Mas que nunca me amou
Hoje, sofrendo
Onde está o meu sorriso.
Os meus sonhos e a vontade de seguir
Já não sei onde está,
Não encontro a minha coragem de outrora
As forças começam a abandonar-me
Onde está a minha fé
Que transbordava e transmitia
Onde está a minha imagem, a forma de ser e estar
Onde está o meu sorriso
A minha crença e até a minha dedicação a Deus
onde está o meu querer, a força para lutar por um mundo melhor
É, como se alguém me tivesse dito
Nada mais importa, nada mais vale a pena
Tudo acabou, chegou ao fim
Eu sei que, algures,
Existe alguém que me ama
E me quer ver, com certeza, brilhar...
Acredito, sei que existe
Mas faltam-me as forças para continuar
Cansei,
Porque deixei de acreditar

Lágrimas

Nunca senti tanto como hoje
Afundar e estremecer
Por sentir cair tuas lágrimas
Sentir-te sofrer
Quem ama não magoa,
Eu amo e magoei, arrependo-me do mal que fiz
Talvez de nada vá valer,
Continuas bem longe a sofrer
Eu, entre uma caneta e papel
Como espinhos no coração
Rabisco umas coisas, em forma de verso
Como grito, uma canção
Sentir no peito o que estás a sofrer
Ao teu lado queria estar
Mesmo que me fosses rejeitar
Um consolo num abraço num beijo
Algo fazer, para não te perder
Mas se assim acontecer
Continuarei a escrever
As tuas lágrimas, com meus lábios enxaguar
Ao vento gritar
Porque também comecei a chorar

Lágrimas, com elas fiz mudar nossas vidas
Lágrimas, a voz calada da dor e da tristeza
Lágrimas, a mostra visível de quem ama
Lágrimas, como ondas do mar, de paixão e de feridas
Lágrimas, palavra sufocada e fiel da amargura
Lágrimas, o final de algo que não se deseja
Mas que mais do que queremos acontece.
São lágrimas,
E tão só lágrimas.

SOZINHO

Angustiado, na noite
Sinto-me sozinho.
Abandonado.
Sem ti
Com uma vontade de chorar.
Queria um pouco de carinho.
Amar.
Queria deixar de sentir-me desamparado
O futuro está tão escuro.
Tentar esquecer este amor
Que pensei,
Puro

Sinto-me sozinho.
Queria conversar.
Abraçar.
Porque não sonhar
Quiçá, talvez reaprender a amar.

Angustiado, nesta noite
Sozinho e abandonado
Sofro, não mais por ti, mas por mim
A paixão esvaiu-se.
Desiludido, magoou mas tudo passou.
A minha vida estagnou.
Abandonado, calado.
Afinal estou só.

Como poderei explicar-te

Como poderei explicar-te
Como poderei dizer-te este amor que me fazes sentir?
Sabes, estou a escrever estas palavras soltas
Que nascem e como água pura brota do meu coração
Quero demonstrar-te o quanto me fazes feliz com a tua presença
Mas triste e sozinho com a tua ausência
Dizer-te o que de maravilhoso me fazes sentir
O quanto és importante na minha vida
Deixa mostrar-te o quanto te amo
O quanto este amor arde, corta a respiração e cega
Somente pensar em ti é como uma suave carícia para a minha alma
É aquela leve carícia que me faz dançar no céu da vida
Apagar as minhas tristezas,
Fazer desaparecer as minhas mágoas
És como um Anjo nos meus pensamentos
Meu amor, não existe alegria, quando não tenho o teu sorriso
Não existe serenidade e paz na minha alma, com a tua ausência
Não existe magia, se não sinto o bater do teu coração
Imagino o teu rosto, as tuas mãos procurando as minhas,
O teu corpo procurando o meu
Sinto a tua respiração, os teus cabelos na minha pele,
Imagino nossos lábios tocarem-se
Imagino-me a saborear a doçura dos teus beijos,
A tua presença e a tua imagem são como flores num jardim de carícias,
Adormeço sonhando com a tua voz
Ao despertar nada mais desejaria que ter-te junto a mim, a sorrir,
Sem pensar no amanhã
Apenas no que hoje existe de mais doce e lindo em mim, tu.
Escrevo estas palavras, meu amor,
Para sentires a minha doçura no teu coração,
Estas minhas palavras que têm a cor da paixão
Elas são quentes como o Sol que se imerge no mar ao despertar a Lua
Meu amor,

Quero escrever o teu nome em todas as paredes das ruas do meu bairro
Paredes de um sonho, pintando o teu sorriso, no meu coração
Isto será como voar na certeza de saber que te amarei eternamente...
Tu és como os quatro elementos: terra, ar, água e fogo
Mais do que isso, és o céu para mim,
És o sangue que corre no meu corpo.
És a vida, que mesmo com a tua ausência está sempre presente.

José Maria Ramada

Caminhando à tua procura

Caminhando à tua procura,
Segui em busca do arco-íris
Sentei-me nas margens do rio,
Apagando as mágoas da tua ausência
E escutava
O sussurro da Lua, a beleza das estrelas
Sentindo naquele silêncio a tua presença
Confiei
Na voz do coração
Que nem sempre é a voz da razão
A melodia do canto dos pássaros
Envolveu-me numa beleza
De êxtase e alegria
Meu Deus, quanto a tua ausência eu sentia
Respirei a luz
De cada estrela, nessa noite fresca de luar
Um sorriso e o pensamento de loucamente te amar
Um sorriso
Um pensamento de amor e felicidade
Pintei na minha mente e no coração
As palavras de ilusão
A beleza deste arco-íris,
A brisa, sim a brisa que me trazia, o perfume das rosas
A carícia da lua, o sorriso das estrelas longínquas
Então levantei-me e caminhei
Colhi em pensamento um cesto de flores, com amor e carinho
A Lua acordou e disse-me
Vem comigo para onde ela te espera
Onde o arco-íris termina e começa o Sol da felicidade
Suspirei.
Na cumplicidade do luar encantador e da brisa
Imerso em pensamentos, pensei em ti
Sei que adoras rosas

José Maria Ramada

Com o sorriso da encantadora Lua
Imerso num luar prateado
Envolto no doce murmúrio das estrelas
A natureza acompanhou-me num sorriso
Desejando ter-te junto de mim
Mesmo que seja em sonhos
O arco-íris desapareceu e eu continuei.

Dizer adeus, da melhor forma

Estou à procura
Da melhor forma de vos dizer adeus.
Mas ao olhar-vos de novo
Sinto uma dor
Que o coração não aguenta
Com os olhos fixos
Como tantas outras vezes o fiz
Apenas vos peço, sejam felizes

Chegou o dia
Naquela primavera sorridente
Em que entrei aqui.
Hoje é como um outono triste
Que pensando em vós,
Na melhor forma de vos dizer adeus
Sinto uma imensa dor
Mas com um alento, como noutras vezes
Apenas vos peço, sejam felizes

Chegará com certeza o dia
Em que o meu tempo terminará aqui
Chegará esse dia
Eu deixarei de escrever e até de cantar
Chegará o dia, em que direi também
Saio, mas saio feliz
E então quando partir
Recordem que alguém pensará em vós
E quando morrer
Recordem que alguém também viveu para vós

Contigo nas asas do vento

Toda a noite, o sussurro do vento bateu na minha porta
Como se comigo quisesse falar
Seriam as asas do vento, que algo me queriam segredar?
Fechei-me em meus pensamentos,
Com a porta bem fechada, para não poderem entrar,
Em ti queria apenas pensar
O vento não estava só,
Trazia a chuva por companheira
Que batendo de levezinho à janela
Me embalou a noite inteira e me fez sonhar

No silêncio do meu quarto
Deitado na minha cama
Sonhei contigo em meus braços
Voando nas asas do vento
Nossos rostos pela chuva fustigados
Seguimos por montes e vales
Lugares maravilhosos mas distantes
Outrora para nós desconhecidos
Nossos corpos humedecidos
Voando nas asas do vento
Pelos quatro cantos do Mundo
Espalhando felicidade
Contigo eternamente quero voar

Sê feliz amigo

Amigo, sê feliz
As pessoas mais felizes
Não têm as melhores coisas.
Procuram-nas,
Mas elas sabem fazer o melhor
Das oportunidades que aparecem
Em seus caminhos.
Quando não aparecem, procuram.
E acima de tudo encontram.
A felicidade também chega para aqueles que choram.
Para aqueles que se magoam
Para aqueles que buscam e tentam sempre.
Mais, mais e ainda mais
E para aqueles que reconhecem a importância.
Das pessoas que passam por as suas vidas.
Porque não há maior felicidade
Do que contribuir para a felicidade dos outros
Mas, acima de tudo, ter
Não um, não dois, não muitos amigos
Mas que cada estrela
Seja a representação de todos eles
Um infinito

Amar o planeta Terra

Se ouvires a voz do vento,
Chamando por ti sem cessar...
Se ouvires a voz do tempo,
Mandando-te esperar!
A decisão é tua.
Tens tudo em teus braços
para um amigo olhar
e, acima de tudo, um abraço lhe dar

Se ouvires a voz da chuva.
Chamando por ti sem cessar
e até a voz do mundo
querendo-te enganar!
A decisão é tua
tens tudo na tua mão
quando ninguém tem tempo
podes tu dar um pouco do teu coração.

O muito que já se perdeu,
Muito cresceu e ninguém colheu.
Esquecemos a fome e a guerra
porque apenas pensamos no "eu"
Não olhamos em nosso redor
não existe mais amor.
Não ouvimos a voz do vento,
Nem tão pouco a voz da chuva,
Chamando-nos sem cessar
porque em nosso redor não queremos reparar
queremos até esquecer tudo
Este planeta Terra "amar"

José Maria Ramada

No silêncio da madrugada

No silêncio da madrugada
Divago pelo horizonte nesta noite de luar,
Ao longe, como que num sonho, da bruma
Ouvi a tua voz por mim a chamar,
Sinto que não foi em vão, tanto esperar,
Nesta praia deserta, na areia sentado,
Ouvindo o ruído das gaivotas e do mar
Valeu a pena, com a brisa fustigando o meu rosto
Enquanto olhava as estrelas, que tanto adoro
Procurava-te entre a mais distante
E foi nesse instante que senti a tua voz
Um sorriso que me ilumina
Por te ouvir, o meu nome chamar.

As estrelas tão belas são testemunhas
Do meu penar e sofrer,
Que apenas a tua imagem pode ultrapassar,
Só a tua presença e o teu rosto pode exalar,
Tão refulgente, que no meu bate e fascina,
Como uma guitarra que nunca desafina,
Quando, num fado, o amor se está a tocar.
Toda esta ilusão me fascina
Me ilumina o corpo e a mente
Como uma vela acesa num jantar
nos oferece, com tão pouca luz, toda a claridade,
Sonhamos que bordamos beijos a namorar.

E, saboreando
A confidente tranquilidade, do nascer do sol
Que está para chegar,
Nesse momento singular de felicidade
Então deixei de sonhar.

Palavras e tão só palavras

No recanto deste quarto
No vazio de mais uma noite
Minhas palavras soltam-se,
E seguem emocionadas
Livres, soltas, sem amarras
Palavras que falam de mim
De ti
Elas falam de nós.
Palavras e tão só palavras
Que falam de hoje
Sonham com o amanhã
Mas palavras e tão só palavras
Que recordam os dias de ontem
Palavras que choram, chocam-se,
Com outras que se cruzam.
No meu, no nosso caminho

Podem não passar de, apenas, palavras
Mas são aquelas que agonizam,
São as palavras que nos magoam
Palavras e tão só palavras e sonham e que voam
Perante os medos e receios
Elas se agigantam diante de tudo e todos.
Mostram ao mundo como sou eu, tu, nós
Eu que pensei já ter tido tudo,
Reparo hoje que antes de ti nada era, nada tinha
Vejo-me calado, sem ter dito e sem ter sido nada,
De tanto e tudo que já foi falado
Ficou tão só e apenas nada
Mesmo naquele dia
Em que dançámos ao sabor do vento
Nos beijámos e amámo-nos ao luar

José Maria Ramada

Hoje quis com as minhas palavras gritar
Para que todo o mundo e até o universo ficassem a saber
O quanto as palavras podem dizer e calar
Amar e sofrer
Hoje, com as minhas palavras, já disse tudo.
Sem nada dizer se calhar e tão grande foi a surpresa,
Todo este tempo que vivi a calar
Mesmo que palavras, sejam, tão só e simples palavras

Sonhar em viver a vida a dois

A vida assola-me com a tristeza
Eis que penso, nada faz sentido
Nada mais vale a pena, para seguir em frente e lutar
Eis que caio no vazio
Penso que a vida para mim não tem mais sonhos, nem esperança
Parece que caí num buraco num vazio
Do qual não consigo sair
Sinto-me só,
Tremendamente só, pensando até o pior,
Mas que naquele dia, naquela manhã de Sábado,
Um dia diferente, alguém chega
Alguém que me agarra na mão
Que me tira da solidão
Então compreendo, valeu a pena
Mesmo chegando a bater no fundo
É possível levantar-se
Quando menos se espera, o amor chega
Aquele amor com o qual sonhava,
Que já não acreditava
Abriu de novo horizontes à minha vida, ao meu coração, à minha alma
Compreendo então a verdade da vida
Que sonhar e viver vale a pena
Porque o futuro e a vida,
Vivida a dois,
É sempre merecida.

Tu és o amor

Ainda sinto no meu corpo a presença do teu perfume
Ainda sinto o sabor dos teus lábios
Tu és o amor
Aquele amor que me enlouquece
Que me aquece o coração
Tu és o amor
Aquele que me faz sorrir
Um caminho se calhar de ilusão
Mas continuas a ser o meu amor
Aquele que não me julga
Para não ser julgado
Mas sim aquele que ama
Para ser amado
Tu és o amor
Como o azul do mar que tanto gostamos
Como almofadas de nuvens que correm velozes
Como estrelas que brilham lá alto
Ou como a Lua, sim como a Lua cheia na primavera
Tu és o amor
Que juntinho a mim dorme
Deixando em cada poro do meu corpo o sabor do teu
As marcas do teu batom
O cheiro do teu perfume
Que eu sempre sonhei ter
Mas que um dia perdi
Tu és o amor

Sentado na Lua

Olhando a Lua nesta noite
Somente a chuva e o vento me falam
A tua imagem leva-me distante
Onde as ondas não se calam
E apenas os teus lábios me levam a partilhar
Toda esta felicidade com a Lua
Que será? Porque não posso mudar
No meu íntimo tenho medo
De não mais ser feliz ao acordar
E, sem saber porquê, pergunto à Lua
Se me deixa subir até bem alto junto dela
Onde não existe a dor
Onde não há medo,
Mas apenas felicidade e amor

No silêncio da noite, sentado na Lua
Apenas a chuva e o vento me falam
Lá do alto, bem alto, vejo as ondas que não se calam
Mas também as nuvens, que bailam
Por que será que não posso mudar
E continuando a sofrer, sentado na Lua
Tenho medo de despertar.
A lua de mansinho, com voz suave acorda-me
Dizendo como que a sussurrar
Não tenhas medo
Vai, ela está a te esperar

Ser Escuteiro

Ser escuteiro,
É sentir que o coração bate mais forte no peito.
É sentir que se acredita no amor.
É sentir, em plenitude, os dons da juventude
É conseguir amar a vida
Tentar torná-la mais bela
Cada dia que passa.

Ser escuteiro
É não conhecer o impossível.
Ousar novos rumos.
É desbravar o caminho,
Para que outros o possam seguir.

Ser escuteiro
É arriscar tornar um sonho realidade.
É acreditar que dar é importante
Mas que o mais importante é dar-se.

Ser escuteiro
É deixar o mundo um pouco melhor.
É acreditar que uma alegria partilhada.
Se transforma, numa dupla alegria.
E que uma tristeza partilhada
Se torna em meia tristeza.

Ser escuteiro
É ter um pedacinho de Deus.
Deixar que o Seu fogo viva dentro de nós.
E que nos aqueça a alma
Quando o frio do mundo nos arrefece.

SER ESCUTEIRO. É SER FELIZ

José Maria Ramada

Amor Platónico

Podes ver-me por aí
Voando pelo universo, ao encontro da estrela polar
Seja na realidade ou virtualidade
O que quero é sonhar e continuar a amar
Serás para mim uma fonte de inspiração
Que escreverei em cada verso
Especialmente, e sempre dedicado a ti
Voando, beijando as estrelas desta galáxia
Sonhando distante, mas unido pelo coração
Quando pela janela do meu quarto entras de mansinho
E a meu lado te vens deitar

Podes ouvir-me por aí
Mesmo sem qualquer explicação
Juntar os sons do nosso amor
Quando componho versos, ou canto uma canção
Mesmo assim continuamos sozinhos
Amando-nos à distância
Amor platónico, sem razão
Foi num olhar ou numa palavra?
Não sei, e tu?
Encontras para este amor sem sentido alguma explicação?
Viajando para além da via láctea do amor
Vou para além do Sol e das estrelas que nunca vi
Vou na condição de um homem sonhador
Quero viajar contigo pelo Universo,
Colocar o teu nome em cada verso
Continuar a olhar as estrelas, e ver-te em cada uma delas
Esperar, todas as noites, a tua entrada pela janela
Sentir-te entrar em minha vida de mansinho
E mesmo longe ter em cada segundo teu carinho
Porque mesmo distante
Amamo-nos a cada instante

Tão perto e tão distantes
Tão amigos e eternos amantes
Noites que não passam de sonhos
Deste amor impossível e platónico
Minutos, dias, meses e anos que passarão
Sonhos que em cada instante desejamos
Quem sabe, um dia se realizarão

No silêncio desta Noite

No silêncio desta noite, olhei em meu redor
Encontrei apenas silêncio e o luar
Foi nessa bela e silenciosa noite
Que explorei as estrelas
Tentando nelas ver o teu olhar.
Delicado céu cintilante, estrelas brilhantes,
Linda Lua cheia e a brilhar,
Uma estrela cadente no firmamento um rasto a deixar
Mas em mim, o meu coração palpitante,
Com medo de se apaixonar.
O meu olhar bem longe tentou o teu encontrar,
Modelando com o pensamento a estrela cadente,
De novo a Lua apareceu,
Fiquei contente e imaginei-te a meu lado
Não sabendo que fazer,
A minha memória ia deslizando sem me aperceber
Que por ti já estava apaixonado.
Depois daquele avião que passou
As memórias do Passado e o silêncio que voltou
De novo de caras com o luar,
Um singelo acordar
Porque, nessa linda e silenciosa noite,
Eu voltei a amar.

Sozinho na noite

Neste silêncio da noite, sozinho
Sinto tua falta
Nesta escuridão, sinto medo
Mas pouco a pouco acostumo-me
Procuro-te e não te encontro
Triste, nesta imensidão, tu não estás.
Enquanto não adormeço, penso em ti
Não esqueço momentos que contigo vivi.
Até quando isto?
Volta, não me deixes nesta escuridão
Volta amor, tenho-te no meu coração
A saudade da tua ausência
Em cada minuto que passa,
Para mim é uma longa eternidade
Volta a iluminar as minhas noites
E assim terminar com esta escuridão

PODES SE QUISERES

Podes se quiseres
Ser o Sol da minha vida
Podes se quiseres
Ser a chuva que molha a minha pele
Podes se quiseres
Ser a montanha inacessível, mas que te deixo atingir
Podes se quiseres
Ser a relva do jardim que eu rego
Podes se quiseres
Ser a neve, que apenas eu posso pegar
Podes se quiseres
Ser o sonho que eu procuro há tanto tempo
Podes se quiseres
Ser o tema do meu mais belo poema
Podes se quiseres
Ser a felicidade que não encontro
A paz de espírito que busco,
O amor que voltarei a acreditar.

Podes se quiseres
Quando me faltarem as palavras
Quando os meus olhos se fecharem
Quando meu coração deixar de bater
Quando o meu corpo não caminhar
Podes, se quiseres, estar lá
Nesse dia saberás o que é amar.

O Sol brilha, e eu?

O Sol brilha
Toda a gente sorrindo
Mas meu coração continua perdido
O que brilha em meu rosto
Não é a luz do dia
São apenas tristezas da minha alegria

Está faltando um pedaço de mim
A solidão dói demais para esconder
Quem deixou a minha vida assim
Trazendo lembranças de um beijo de amor
Quando a chuva cai, molhando os meus olhos
São as gotas de sonhos rolando no chão
Que também trazem a solidão
A chuva caindo molhando os meus olhos
Leva-me sem rumo ao amanhecer
Ver se um dia esqueço
Que a minha saudade
Se chama uma imensa solidão.

Hoje sonhei contigo

Lá estavas tu.
Teu corpo ao luar, linda
Cabelos ao vento, pareciam as asas de um anjo
Admirei tua beleza, só eu, como estavas bela
Olhei teus olhos, lindos
Calado para não perturbar o silêncio
Nem incomodar teus pensamentos
Seria em mim que pensarias?
Com certeza que não, tão distante estavas
Mas algo te perturbava
O quê?
Diz-me!
Fala comigo
Continuei contemplando teu rosto
Olhei, mais alto e até a Lua te contemplava
Mais longe, uma estrela cintilante
Parecia descer sobre ti e poisar em teus cabelos
Cansado de te olhar, aproximei-me
Quis tocar-te ao de leve
Meu corpo transpirava
Olhei uma vez mais, não estavas ao meu lado
Sonhei,
Apenas sonhei contigo

Quando novamente me apaixonar

Quando novamente me apaixonar
Que seja por quem me ame de verdade
Por quem não sinta vergonha de mim
Mas que assuma,
Quando novamente sentir em mim o amor renascer
Que seja por quem me compreenda mesmo na loucura
Por quem sinta a minha ternura
Por quem indiferente de tudo me ajude
Que me guie na escuridão
Que seja o meu apoio
Que me guarde no coração
Que me ajude a sorrir
Quando as lágrimas estiverem por minhas faces a cair

Quando novamente me apaixonar
Que seja por quem também me diga "amo-te"
Com atitudes e não apenas palavras
Quando de verdade me apaixonar
Que seja por quem também me saiba amar
Por quem depois da zanga saiba conversar
Mesmo assim continue a amar
Reconheça, como eu, os erros
Pedindo desculpa com o coração
Sinta o amor como a mais forte emoção.
Quando novamente me apaixonar
Que seja por quem faça em mim renascer
Não apenas o amor, mas também o querer
Amar e ser amado
Desejar e ser desejado
Que em todo e qualquer momento
Sinta a minha falta
E que eu a tenha sempre no pensamento

Eu e tu, tu e eu

Quando eu apenas te dou a escuridão da noite,
Tu dás-me a luz do Sol.
Para mim, acabas por ser a luz da vida,
Quando eu sou a tua nuvem perdida.
Tu enches a minha vida de poesia,
Enquanto faço plantações no horizonte.
Sonhando e divagando
Prendes-me sem pudor, com as forças do teu ser
Fico indefeso, encandeado pelo teu olhar.
Tu dás-me o calor e a força para te amar
Queria poder dar-te as estrelas.
Mas apenas me posso dar, só eu, apenas eu,
Tu querida, para mim és a luz incandescente.
O que queres de mim?
Pergunto a mim mesmo pousando o meu pensamento no teu,
No descontrolo da emoção.
O que vai no teu coração?
Eu dou-te a escuridão do anoitecer,
Tu dás-me a beleza de um novo amanhecer.
Eu perco-me na solidão,
Tu preenches-me com o teu amor,
E então, quem somos? Que somos afinal?
Em que acreditamos? Na escuridão da noite?
Ou no claro amanhecer de um dia?
Eu e tu, somos um só!
Um só amor, um só querer,
Até ao dia em que a escuridão volte
Por te perder

Sentado á beira-mar

Sentado como tantas vezes
À beira-mar, o sol batia-me no rosto.
O vento fazia-me arrepiar
Fazia os meus olhos chorar
Olhei em meu redor imaginando os teus
Via-me refletido neles.
Suavemente tocaste na minha mão
Estremeci, corei e sorri
Não me conseguia controlar
Onde ia parar
Um leve suspiro
Um momento, uma troca de um olhar
E o que te queria dizer
Meu Deus como eu sorria
Um toque, um beijo
Nada mais ficaria por falar

Senti em mim o teu desejo
Era mais do que podia saber
Queria-te mais que tudo e muito te dizer
E ali ficamos, olhando o horizonte
A areia envolta em espuma,
Das ondas que aos nossos pés se desfaziam
E nós, abraçados a sonhar
Entre beijos ternos, olhares e carinhos
Palavras que saíam sem pensar
Era assim que me fazias sentir
É assim que quero contigo estar
Sentir-te e beijar
Junto de ti continuar
Para assim ao teu lado
Todos os dias poder acordar

José Maria Ramada

Mais uma vez

Mais uma vez,
Aqui sozinho na solidão da noite penso em ti,
Mais uma vez
Contigo queria estar,
Pela imensidão do Universo
Ter-te presente em cada verso
No horizonte sem rumo, sem destino
Um dia sonhar
Apenas nós dois de mãos entrelaçadas à beira-mar,
Ver o pôr do sol num abraçar
Sentir apenas o som das ondas
Entre dunas de areia e gaivotas
Aqui contigo queria estar
Nesta imensidão de areia, junto ao mar
Sentir-te bem perto de mim
Num abraço, ter-te.
E por fim poder-te amar.

Ainda não me encontrei

Não sei onde me procurar,
Não me encontro, procuro-me
Onde estou eu?
No Céu, na Lua ou no Mundo?
Estou perdido, sem caminho, sem rumo
Muito menos vontade para voltar.
Onde estás tu que sempre me encorajas a seguir,
Dá-me algum sinal
Quero voltar à terra e ter alma no coração
Quero estar presente.
Esquecer o Passado.
Desejar ser feliz sem muito pensar, quero ter Futuro.
Mas não sei onde está o Presente.
Tu estás ausente, o Passado morreu. E o Futuro?
Está viajando nas veias do meu pensamento
Entristece, angustia.
Mas alimenta o coração.
A vida é tão curta, nem sei se vale a pena pensar
Nos sonhos que nunca se irão realizar
Não quero dizer não, nunca dizer adeus
Aos sonhos que me surgem no pensamento.
Mesmo que seja apenas por um momento
Mas onde estão os meus sonhos?
No pensamento ou no coração?
Não encontro explicação
Contudo, tem de haver uma solução
Para quê viver, se não há mais nada para encontrar
Como posso encontrar os outros
Se nem a mim me encontro
Mesmo procurando por todo lado,
Sinto-me só e abandonado
Porque
Ainda não me encontrei.

José Maria Ramada

Fácil hoje, difícil sempre

Hoje, caneta na mão,
Cabisbaixo e num papel escrevia
Frases soltas, que dizia ser poesia
Uma lágrima que mancha o papel
Quando à memória vem esta recordação
De neste mesmo lugar
Me dizeres a chorar...
"A poesia não está no papel. Está na vida"
Era da minha poesia que falavas
Que muitas vezes apreciavas
Sentias e vias, com os teus olhos sensíveis.
Quando nossos corpos iam mais além
Do que a nossa imaginação
Magoando muitas vezes o coração
Por almas que ousam gritar
Íntimos às vezes a sorrir, outras a chorar.
Ser poeta por um dia é fácil
Difícil é sê-lo sempre.
Fácil é amar hoje
Mas amanhã e toda a vida é diferente.
Esquecer hoje não é difícil,
Difícil é deixar quem se ama
Libertar as palavras que nosso coração inflama.
Mas mais difícil não é libertar
Nem amar, criar, ousar.
Difícil é ser poeta.
Um ser contido no Mundo
Sofrer, chorar, viver e amar

SE EU PUDESSE

Se eu pudesse meu amor
Seria a luz, sempre à tua frente a caminhar
Se eu pudesse, queria te iluminar
Não apenas a tua vida
Também queria o teu caminho
E iluminá-lo com carinho

Se eu pudesse, queria ser a estrela polar
Para o Norte te indicar
Podendo assim contigo, de mão dada, caminhar

Se eu pudesse queria ser uma noite de lua cheia,
Ser a Lua tão matreira
Que mesmo distante ao luar
Te acolheria num terno abraço
Minha cabeça em teu regaço
Num leve sussurro te diria
Querida, sempre te irei amar

Se saíres da minha vida

Saíste da minha vida
Sem uma palavra
Sem nada dizer
Partiste
Como que fugindo,
Saíste.
E eu sei o quanto perdi
O muito que amei e o quanto por ti sofri
Mas também tu,
Depois de saíres da minha vida,
Perdeste alguém que te ama.
Mas assim é, amamos, sofremos e vivemos
Amo-te e tu amas-me
Eu
Poderia voltar a amar
Quem sabe, um dia alguém encontrar.
E tu, será que também alguém vais encontrar?
Talvez, quem sabe,
Que veja em ti
O que não encontraste em mim
A vida é assim
De algo tenho a certeza
Não amarei nunca tanto como te amei a ti
E a ti, ninguém te amará como eu te amo
Partiste
Um sonho que foi terminar
Mas eu
Sempre te irei amar
Mesmo saindo da minha vida
Sempre te irei recordar.

José Maria Ramada

No dia que partiste

No dia que partiste
Sem nenhuma explicação
A saudade que deixaste
Neste coração
Muito deixaste sem saber
um amor por descobrir
Uma alma a sangrar
Perdeu-se com o teu fugir.
E uma vontade louca, muito louca de te amar

O tempo que não quiseste
A verdade de um silêncio
uma promessa por cumprir
Mas valeu, por ter vivido esse momento
Falso foi esse amor que me deste
Enganaste o meu sentir.
Quem sabe um dia voltarás,
Para tentar apagar esta mágoa
Mas o tempo não recua.
Na saudade que deixaste
Neste coração
Que um dia abandonaste
No dia em que partiste
O deixaste na solidão

Chegou o fim

Chegou o fim
Quando já ninguém esperava
Tu, como sempre e cansada
De tanto sofrer
Sem ninguém te compreender
Chegou o fim.
Mas o fim de quê?
O fim de algo que parecia nada ser
Mas mais não era que sofrer
O drama interior em que vivias
Pouco a pouco te estava a matar
Poucos pensariam que serias capaz de te suicidar
Eras como um barco em alto mar
Sem leme, sem poderes sequer navegar
Como onda perdida
Teu olhar sem vida
Perdido no horizonte,
Eras como que algo perdido entre vales e montes
Eras já como uma rosa morta num jardim
Que já não floria, ninguém se preocupava em regar
As tuas horas amargas,
Ninguém, nem os familiares quiseram olhar
Um pouco te compreender e amar.
Sabes, hoje não fui capaz de chorar
Apenas te quis mais uma vez olhar
Sofro por ti, pelos teus que foste deixar
Linda como um anjo, mas fria, o frio da morte
A mortalha onde estás
A alma triste de todos que te olham, já com saudade
Porque partiste desta forma?
Porquê? Quando ninguém esperava
Mas tu estavas cansada
Eu sei, sem ninguém te compreender
Estavas cansada de sofrer
Por isso preferiste acabar
E todos deixar

José Maria Ramada

Apaga a luz do teu quarto

Apaga a luz do teu quarto,
Abre a janela, desfruta do silêncio
Deixa entrar o entardecer e a noite,
Escuta o riso enquanto dançam as estrelas,
Sente um beijo que a Lua te dá em meu nome,
Observa a beleza deste luar
Admira a luz que a Lua transmite,
Sente-me, mesmo distante, sente e desfruta
Ela disse-me que tu eras a estrela mais bela,
Serás tu um anjo
Um reflexo da alma de Deus,
Afinal quem és
A pura luz de um olhar humano
A quem foi dada a visão do infinito.
Ou será a tua beleza interior uma armadilha no deserto
E eu, apenas um grão de areia que se deixa levar pelo vento,
Serei eu também um anjo que dorme ao teu lado,
Desfrutando desta beleza,
Desta paz interior
Que faz amor com as tuas palavras,
Que despe os teus desejos, para te sentir num abraço
Bem apertado e junto ao coração
Serei eu aquele que adormece em teu olhar,
E morre por te amar,
Invejo a Lua por te poder ver todas as noites,
Invejo as estrelas por poderem dançar contigo
Invejo também o Sol, que te vê todos os dias,
Mas mais inveja tenho do vento,
Que toca os teus lábios
Sentindo a doçura do teu beijar!
E eu com a minha inveja
Fico sozinho, desejando apenas te poder olhar.

Acordar contigo

Quando acordei
Não estavas a meu lado.
Sozinho, sentia o teu perfume
Ilusão, apenas ilusão
Tu estás distante
Mas estiveste presente por um instante
O Sol queima-me a cara, enquanto caminho.
A brisa tropeça em mim, neste mar revolto
A água banha o meu coração
O deslizar da tua mão foi tão breve e inseguro
Por momentos, uma lágrima cristalina escorre-me no rosto
Fiquei de novo só, a dormir nesta cama sozinho
Será que acordarei de mão dada contigo, no crepúsculo do nosso amor?
Se acordar, dir-te-ei ao ouvido:
Amo-te.
Já sei que me responderás, amo-te mais
Mas querida, nunca será de mais
Voltar a dizer, amo-te mais, mas muito mais
E como palavras mágicas que se fundem nos nossos corpos,
De sonhos e sorrisos num olhar prometido.
Quero voltar a correr, de mão dada contigo onde o sorriso rasga o
tempo
Desfrutando de cada momento
Quero contigo voltar a sonhar,
Vou à tua espera ficar
Quero que me voltes a segredar,
E baixinho me digas, amo-te daqui até ao infinito

Alma em silêncio

O sentimento de estar só
A quietude da velocidade zero e a nostalgia
Assolam o meu coração
Estou parado no tempo
Num abraço, apenas o vazio e o vento
Espero que fale o silêncio
Não no tempo, mas na alma
A tristeza está presente em mim.
Tem como que um lugar cativo
se calhar também é a resignação de me sentir perdido
Sempre em nós, "depois da tempestade veio a bonança"
Para mim, apenas vem o silêncio.
Este silêncio numa alma despedaçada.
Espero que o silêncio fale
Tu, eu, todos nós sabemos que o silêncio tem voz
Sim, ele fala tão bem!
No silêncio muitas vezes há sabedoria
Por isso ele fala, ele diz-nos o que o coração deseja
O que a alma tanto escuta e almeja
Gritar, quero gritar
A dor que me sufoca e queima
Que pouco a pouco me rouba o sorriso
Que me trai a esperança de ser feliz
O meu olhar perdeu o brilho
E entre as lágrimas que aos poucos secam
Só mesmo o teu raio de Sol pode quebrar este silêncio que dói
Só o teu sorriso e esse brilho podem quebrar esta dor e melancolia
Só as tuas palavras são o quebrar do silêncio
Pode alegrar e pintar de cores lindas a alma de quem sofre
Pintar as nuvens de todas as cores
Onde possamos ter o azul do Céu, o verde da esperança e o amarelo do Sol
Mas acima de tudo as cores do arco-íris da felicidade

José Maria Ramada

Caminho

Só, caminho
Os meus passos são lentos e saudosos
São o silêncio da minha alma,
A angústia do meu coração
Estendo a mão a tudo
E encontro um vazio
Apenas o que me aconchega e me enamora
Sinto neste caminho o vento suave que me toca
A suavidade e a segurança que já não tenho,
Só, caminho
Com a memória do que perdi e o que já não ganho
E só, sempre só, num grito calado pela mordaça da vida
Caminho sozinho
Já me custa acreditar na valsa do amor que tanto acreditei
Mas ando, corro,
A chuva chorando por mim
Encharcando meu corpo dorido de mais um dia
Cansado de ser e pensando no que serei enfim
Cansado de pensar no que passei
Triste pelo que não conquistei.
Proezas, reboliços e correrias sem sentido.
Por fim, parar exausto, de correrias no vazio,
Desta alma magoada
Deste caminho de sofrimento.

Na primavera, apaixonei-me e perdi-te

Quero abraçar-te
Entre um copo de vinho branco, flores e canções
Não me importa que se riam de nós
O mais importante são estes dois corações
É a primavera florida, que nos une
Um abraço e um terno beijo
Nossos corpos se unem em desejo,
Embalam-se suavemente com a música
Que se faz ouvir
Entre carícias e um beijo
Nossos corpos se unem em desejo
Acordo de um sonho
Que se tornou num poema
Tu não estás, os meus braços encontram o vazio
Nada mais faço
Já não existe amor
Tu não estás mais aqui,
Fecho os meus olhos e penso em ti
Será que me vou apaixonar de novo?
Como me magoa este meu coração
Que se deixa enganar
apenas uma hora para se apaixonar
Mágoa que está dentro de mim
existe apenas uma recordação de ti
Eu quero e posso dar-te o meu amor
Só queria que estivesses junto de mim
Fechar os olhos e pensar em ti
Ver-te sem estares a meu lado
Não, não me quero apaixonar de novo
Continuo a amaldiçoar aquele dia de primavera
Que te encontrei e te amei
Porque desde que te perdi
Todos os dias de primavera sofri.

O Nosso poema a sonhar

Tu sentada, em almofadas de nuvens,
Procuras no céu o murmúrio silencioso do meu abraço.
Eu sentado neste jardim
Imagino-te a meu lado
E apenas te dou a mão e te entrelaço
Porque te tenho dentro do coração
Quero pegar levemente na tua mão
Sentir um leve toque,
Miragem de uma ilusão,
Corrermos de mão dada, voando pelo Universo
Com palavras sem nexo, escritas em cada verso
Procuro a tua imagem.
Deste-me a tua mão, levaste-me contigo
Tocaste meu rosto, beijaste-me
E por fim segredaste-me ao ouvido
Baixinho, disseste: amo-te.
Os ruídos dos nossos passos elevam-nos, cada vez mais alto
O toque dos nossos corpos,
As palavras embelezam um tão puro amor,
É o templo do nosso segredo
Naquela bela praia
Dançamos à luz da Lua
Ao sabor do vento,
As gaivotas voando
O mar ao fundo e a Lua por testemunha
Por fim, no templo dos nossos segredos
Deitados naquela praia, corpos entrelaçados.
Vimos o nascer do Sol
E corremos de mão dada, descalços pela areia.
Onde um sorriso rasga o tempo
Onde a pureza banha o Sol e as nossas vidas.
Por momentos.
Parei, tudo não passou de um sonho
Sonhei
Eu sei

José Maria Ramada

Quero

Ao olhar o céu neste amanhecer
Recordei que alguém me tinha ensinado em criança
Que olhar a chuva através da janela
Escutar o bater das gotas nos vidros
Era como o som duma guitarra tocando
Ou uma criança palrando
Era o mesmo que cantar, caminhando

A manhã passou
E a felicidade não voltou
Continuo o sonhador que sou
O poeta desta cidade desconhecida
Que mesmo não encontrando a luz do dia
Continua sorrindo entre a gente que o olha
Duma forma diferente, indiferente

Quero ser o amigo da liberdade
Levando a todos um pouco de verdade
As gentes que sofrem neste mundo, nesta cidade
Aqueles que não encontram a luz do Sol
Aqueles que o mundo separou
Em especial aqueles a quem um dia alguém amou
E hoje sozinhos caminham, na solidão
E levam lágrimas e sofrimento no coração

Quero continuar a ser o sonhador
Que recorda a sua infância feliz
Que sonha com as ilusões
De voltar a ver sorrir os corações
De cantar as eternas melodias
Sorrir em qualquer lugar
Seja o nascer ou o pôr do sol
Seja de noite ou de dia
apenas quero ser poeta da gente
Ver todos felizes
Finalmente.

José Maria Ramada

Palhaço

Sorrio
Sorrio, mesmo quando meu coração chora
Canto
Canto, mesmo quando a dor me mata
Sorrio
Sorrio, quando a saudade me atormenta
Até mesmo quando os meus dias são tristes e vazios
Sorrio, porque sou um palhaço

Mas
Quando tudo terminar
Quando nada mais restar
Deste meu sonho encantador
Em vez de chorar,
Sorrirei e continuarei a ser um palhaço
Porque mesmo sem saberes continuarei a sofrer

E
Quando o céu perder a luz
Meu corpo sentir o peso da cruz
Nos meus ombros já cansados, doridos
Eu, palhaço
Sorrio e mostro esta falsa felicidade
Vou enganando a minha dor
Porque os outros ao verem meu sorriso
Pensarão no quanto sou feliz, sendo eles também felizes
Esquecendo que sofro e fazendo feliz quem me rodeia
Sei
Que continuo a ser palhaço
Mas que importa, se o meu sorriso faz sorrir
Se a minha dor dá alegria
Se a minha angústia dá felicidade
Continuarei a ser palhaço

José Maria Ramada

Porque, sorrindo, mostro-me feliz
Continuando a ser
E nunca deixando de ser
Um palhaço

Seria tão bom

Divagando, de olhar no além,
Encontrei-te
Falamos, falamos de coisas sem jeito
Daquilo que nos ia no peito
Falamos com o coração
Do quanto magoa a solidão
De como é lindo o mar
E como mais belo seria de mão dada contigo caminhar
Nessa imensidão perdida
Onde apenas as gaivotas, a areia e o mar
Sabem o que é amar

Por fim partiste
Tal como chegaste, saíste
Seria tão bom se um dia voltasses
Se pela mão me pegasses
e me levasses a passear no teu jardim
Não ia mais querer
Dessa viagem de sonho esquecer
Não iria querer regressar
Com essa viagem colorida, queria sonhar
Ao mesmo tempo
Ia pedir para ficares
E matar essa saudade
Da minha vida, perdida

Tentei

Tentei.
Tentei por muito tempo procurar
Palavras, poemas, sonetos e até gritos
Queria apenas exprimir o quanto é bom te amar
Tentei.
Tentei exprimir o que por ti sentia
Encontrei, perdido entre os meus papéis, declarações,
Lindos poemas e até canções
Que me fizeram sonhar, sorrir e até chorar
Quando por ti também sofria
Tentei.
Mais uma vez,
Tentei não errar
Queria dizer-te algo diferente,
Não encontrei
Que ilusão,
Tudo estava gravado no meu próprio coração
Chegaste de mansinho, com o teu jeito especial de ser
Segura de ti, para me conhecer
Com o teu carinho e palavras, fizeste-me acreditar
Um sonho, talvez, era o que estava a viver
Mas mesmo assim tão longe e à distância
Continuava por ti a sofrer.
Foram dias, meses, não sei ao certo
Tão longe e tão perto
Às vezes sinto-te
Podes acreditar que não minto
Quando te chamo amor
Talvez seja grande a minha dor
Porque hoje, mais que nunca, senti
Tudo foi em vão o que tentei
Mais uma vez, perdi.

José Maria Ramada

És a flor que quero amar

Num dia como tantos outros na minha vida
Encontrei-te no meu jardim
Mais uma rosa que floriu
Um botão em flor desabrochou
Foste tu, vestida de vermelho
Como uma princesa
Com um sorriso de amor imaginário
Deste outro colorido a este coração
Apaziguando um pouco a solidão
Pego nas tuas mãos de cristal com carinho
E caminho no imaginário da vida
Levando meus lábios às tuas ternas faces
Num doce beijo sinto a tua ofegante respiração
Como notas suaves de um violino
Que faz bater forte este meu pobre coração
Sorris
Um suave perfume a rosas enche-me a alma
Rosas que tanto amo, és tu
Que aconchego contra o meu peito
Sinto-me seguro junto de ti
Sinto algo que nunca antes senti
És como o sorriso do Sol
Ou a luz da estrela mais distante
Que me faz vibrar nesse instante
E dizer baixinho para que mais ninguém possa escutar
És a Flor que eu quero amar

As flores do meu jardim

Neste Universo
Quantas vezes perverso
Passeio e perco-me
Entre as flores do meu jardim
passo os meus sentidos
Entre aromas desconhecidos
E falo sozinho
Falo de vocês com as rosas
Sorrio com as margaridas
Brinco com o orvalho
E rodo como o girassol
Imagino-vos a meu lado
E em cada uma destas flores
Imagino-vos felizes e sorridentes
Ausentes mas sempre presentes
Faço de meu cúmplice o jasmim
Trato também a dália assim
E caminho entre sebes, às vezes vedadas
Tal como as vossas vidas
Muitas vezes maltratadas
Sois as flores do meu jardim
E sempre caminhando envolto em pensamentos
nessa esperança sem fim.
Sonho, no jardim dos meus sonhos,
Que sois vós
As Flores do meu jardim.

É Natal quando

É Natal quando
Eu me lembro dos que vivem em guerra,
E pelo menos rezo por eles, para que alcancem a paz
É Natal quando
Eu me lembro dos que se odeiam,
E numa pequena oração peço para eles amor.
É Natal quando
Eu consigo perdoar a todos que me magoaram,
E rezar por eles para que alcancem o perdão.
É Natal quando
Eu me lembro dos desesperados,
E faço por eles uma prece de esperança.
É Natal quando
Esqueço as tristezas do ano que termina,
E peço a Deus a alegria para todos.
É Natal quando
Eu acredito que o mundo pode ser melhor,
E faço todos os possíveis, para o deixar melhor do que o encontrei
Por isso neste Natal e em todos aqueles em que eu viver
Quero dizer obrigado Senhor,
Por ter alimento,
Mas lembra-Te também de todos os que estão com fome.
Obrigado Senhor, por ter saúde,
Mas por favor lembra-Te, quando tantos seres sofrem neste momento.
Obrigado Senhor, por ter um lar,
Mas não esqueças de tantos que não têm onde dormir.
Obrigado Senhor, por ser feliz,
Mas por favor não esqueças tantos que choram e sofrem.
Obrigado Senhor, por ter amor e paz neste meu país
Mas lembra-Te de tantos que vivem no ódio e em guerra.
Obrigado Senhor

José Maria Ramada

Viver fugindo, medo de quê?

Porque vives de fantasias
Se vives apenas por viver
Parece que andas a fugir de ti mesma,
Com medo de encarar a realidade.
Que adianta o apartamento enorme e o carro
Se a tua alma está vazia,
Que adianta a felicidade aparente e um sorriso enganador
Se o medo te acompanha
Que adianta o telemóvel topo de gama
Se quem queres ter a teu lado não te liga,
Que adianta um sorriso e palavras de conforto do teu chefe
Se o teu emprego não te traz satisfação?
Que adianta o falso namoro, se não existe mais alegria,
Porque já sofreste com um casamento anterior
Que adianta viver um casamento de fachada
Se vives na desilusão
Que adianta o conselho amigo
Se continuas a agir à tua maneira
Sabes, amigo, ao menos terás os teus filhos
Mas, mesmo assim,
Melhor seria viver simplesmente um dia de cada vez
Pensar neles sim, porque são teus,
Mas aproveitar a vida e toda a sua beleza,
Ficar só em vez de ter a mais bela companhia,
Nem sempre a mais bela é a melhor
E às vezes é melhor só.
Porque, para ser mais feliz,
O melhor é amar com simplicidade,
Para simplesmente ser amado
Amar as pessoas, os animais e a Natureza,
Não ter vergonha de abraçar nem demonstrar o amor,
Como crianças que abraçam as árvores com ingenuidade,
Que conversam com as plantas, com seus cachorrinhos,

Que ouvem as respostas que nós, adultos tão esclarecidos,
Não conseguimos ouvir.
É por isso que tu, eu e todos nós estamos morrendo,
Cada dia um pouco, vivemos a fugir e com medo
Lentamente na tristeza que nos consome,
No vazio de querer sempre mais aquilo que nem sabemos o que é.
Para, pensa e muda. Ainda dá tempo de seres simplesmente feliz.

NÃO ESTOU A CHORAR

Não, querida,
Não estou a chorar
É apenas o fumo do cigarro
Que entra nos olhos
Magoa,
Dói,
Mas não choro

Não, querida,
Eu não choro,
Sei que partiste
E não voltarás
Viverei sem chorar
Viverei a vida
Mesmo sem ti
Eu viverei
Apenas
Para te recordar

Não, eu não choro mais
Mesmo com o fumo do cigarro
Entrando nos meus olhos
Chegando bem fundo
Eu não choro
Porque tu não voltarás
Mas eu não choro
Porque sabendo-te feliz
Ao meu jeito
Também o serei

José Maria Ramada

Vagueando

Esperando mais uma vez
Aqui estou, vagueando intensamente
No ar o aroma da noite
E, assim, penso em ti.
Com os olhos bem abertos
Sonho com os teus doces lábios
Sinto as minhas mãos perdidas no teu corpo
O desejo invade-me
Imagino-te tão perto e tão longe
Sem ideias próprias fecho os olhos
E vejo a tua imagem
Longe, muito longe,
Olhando para mim sorridente
Tudo é tão apetecível
Com a tentação me perco
Pareço um fugido sem lar
Mas de repente abro os olhos
E tu não estás, as incertezas continuam
Com o desejo de te ver novamente
Penso encontrar-te
Olho o infinito,
Na esperança de um novo amanhã
Mas a Lua diz-me, sorrindo:
Olha no alto, lá longe,
A estrela que mais brilhar
Será a que sempre te irá amar.

PROCURO ATÉ TE ENCONTRAR

Quantas vezes caminhando
Sozinho na solidão
Só a Lua e as estrelas por companhia
A noite e a escuridão
Quantas vezes chorando
Procurando um pouco de amor
Buscando a felicidade
Nada encontrei, a não ser dor
Quantas vezes pedi e implorei
Para alguém encontrar
Que me trouxesse um pouco de amor
E me tirasse desta angústia e dor
Quantas noites chorei
Até fantasiando procurei
Tentando me enganar
Ao meu coração quantas vezes menti
Outras até fugi
Desta minha solidão
E nesta minha amargura
Continuo nesta loucura
De te continuar a procurar
Pois tenho a certeza
Que um dia te irei encontrar

Quero chorar

Nesta tristeza e solidão
Na dor desta angústia e amargura
Que tenho no coração
Quero chorar
Na amargura e dor que trago na alma
Desta solidão que mata
E nada acalma
Quero chorar
Quero chorar por tudo e por nada
Sentir a alma lavada
Quero chorar por aquele amor perdido
Libertar a alma da dor
Quero chorar pelo amigo esquecido
Quero chorar
Para me sentir liberto
Nem que seja por um momento
Quero chorar porque é a solução
Para aliviar esta desilusão
Quero chorar pela minha inglória
Chorar para esquecer a história
Quero chorar para de repente
Sentir alguma alegria
Porque sei que, depois de chorar,
Já lavei a minha alma do que tinha para lavar

É Páscoa

Hoje é Páscoa
E amanhã? Não poderá ser também dia de Páscoa?
Páscoa é ser capaz de mudar, fazer mudar
É partilhar a vida na esperança, com quem me rodeia
É lutar
É seguir em frente para vencer e ajudar.

Páscoa é dizer sim ao amor e à vida, seguir de mão dada com Jesus
É ser amigo e fraterno com quem nos rodeia,
É lutar por um mundo melhor
É deixar este mundo melhor do que o encontrámos
É viver e praticar a solidariedade.
Ter em cada pessoa um amigo
Páscoa é ajudar mais gente a ser gente,
É acreditar que é possível,
É uma outra hipótese de recomeçar
Quando está a acabar

Páscoa é sermos nós mesmos e acreditar
É ser mais felizes por amar
Viver, conhecer e sonhar
A nós, um pouquinho e vermos os outros com novo olhar
Páscoa é amar
Que hoje somos melhores do que ontem.
Mas amanhã ainda mais que hoje
Páscoa é fazer em cada gesto e ação alguém feliz

Aos meus amigos destas andanças

Hoje eu dedico um pouco do meu tempo,
Para falar a essas pessoas especiais
Estive um pouco afastado é certo
Mas deles não esqueço jamais.
À medida que vamos crescendo,
Surgem novas e muitas responsabilidades
E isso acaba por nos afastar.
Embora sempre estejam ali,
Naquele cantinho do peito
Para tudo que precisarmos
Sentimos uma necessidade
De dizer pelo menos um olá, como estás?
Às vezes penso,
Que de mim talvez se esquecerão.
Mas na verdade não,
Sempre estamos na lembrança
De quem tocamos o coração.
Ao lado deles passei horas agradáveis
Como bálsamo, aliviam minhas dores
Assim quero retribuir.

Meus amigos perdoem-me.
Mas às vezes não consigo dar-lhes atenção.
Embora não nos falemos frequentemente,
Eu os terei sempre no coração.
E quando de mim precisarem
Não hesitem em chamar
Fico feliz em ser ajudado
Mas muito mais a ajudar

Recordo-te pai

Recordo-te pai
Passaram muitos anos
Mas é como se fosse hoje
Não te pude ver
Saíste mais cedo
Deixaste-nos a sofrer
Recordo-te pai
Foi há muitos anos
Mas é como se fosse hoje
Aquele dia de verão
Mês de agosto
Deixaste-nos na escuridão

Hoje, passados tantos anos
Recordo-te
Por que nos deixaste?
Por que partiste?
Tu que tanto me deste
Mais me darias
Por mim tanto sofreste
Para um dia me ver feliz
Tu, pai
Por quem vivo a recordar,
Quantas vezes chorar
Tu, pai
que nesse dia de verão
Uma última vez
Não pude abraçar
Tu, pai, que nesse dia 23
Sim, 23 de agosto,
Dia de verão, nos foste deixar
E deixar mais triste o meu coração
Há tantos anos

José Maria Ramada

Não te podemos mais falar
Quantas vezes te imaginar
De olhos fechados te ver
No Coração te amar
PAI...

Vivo

Vivo
Vivo como todos os dias
Entre ilusões e desilusões
Amor e sofrimento
Esqueço-me como é bom viver.
Esqueço-me de mim
Perdi-me entre a tua imagem
Porém, o Sol de novo aparece
Por detrás da montanha
E sobre a minha cabeça
O sereno amanhecer, de mais um dia triste
São as mágoas e tristezas da minha vida
Para que o seu brilho me ilumine
A sua luz, quente e radiante, me alerte
Para que o Sol chame a minha atenção
Preciso de ti, da tua presença
Para que com o surgimento da Lua
O sereno luar
Faça-me novamente sonhar
Sonhar e acreditar que um novo Sol amanhã nascerá
Não coberto por negras nuvens
Mas belo como o luar.
Então minha ilusão será realidade,
Tu estarás de novo junto de mim
Para de novo de mãos dadas
Tudo mudar e voltar à realidade

Penso em ti

Penso em ti
Sentado na relva húmida
Nesta imensa solidão que sinto
Penso em ti
Olho as nuvens escuras que correm apressadas
Sentindo a chuva cair no meu corpo
Penso em ti
Nas lágrimas que correram pelas tuas faces
Naquela noite de tormenta em que partiste
Ainda ressoa suave a tua voz nos meus ouvidos
Quando me disseste: amo-te
É grande a distância que nos separa
Maior ainda é a solidão e amargura que pairam na minha memória
Nossos corações aqueciam cada verão
Pelos sentimentos que floresciam
Em cada palavra, cada gesto de carinho.
E continuo a pensar em ti
A chuva caindo agora mais forte
O vento fustigando meu corpo
Sinto-me enregelado
Meu olhar distante perde-se
Queria estar junto de ti
Ouvirmos, juntos, o som da chuva.
Estar junto de ti e sentir o calor do teu corpo a me aquecer,
A tua mão sobre a minha para me sentir protegido.
Mas acima de tudo para me sentir amado

Estás longe, não ouço a tua voz
E com o frio da chuva
O ruído do vento
Acordo deste meu sonho,
E,
Penso em ti

José Maria Ramada

QUERO SENTIR-ME LIVRE A AMAR

Quero num abraço
Ter-te mais juntinho ao meu peito
Ouvir dizer que me amas
Que sou apenas teu e tu minha
Hoje quero que tudo seja perfeito
Quero olhar-me no espelho dos teus olhos
E ver-me não apenas eu, mas sim nós dois
Quero que hoje nada mais importe
Que o tempo seja apenas nosso

Quero sentir-me livre
Das dúvidas e das incertezas
Quero sentir-me livre
Dos medos e dos receios
De tudo o que nos afasta
Mas em especial do medo de te perder

Quero ouvir a tua voz
Ouvir-te dizer que me amas
Que, sem mim, para ti nada tem valor
Quero que digas baixinho
Palavras de amor ao meu ouvido
Que me envolvas em carícias
Que entremos em jardins de belas flores
Onde nada seja proibido

Quero contigo ao meu lado
Desvendar todos os pecados
Descobrir todos os segredos
Fazer a viagem da nossa vida
O teu corpo no meu
Viver o momento que o mundo nos deu
E só nós os dois
Porque, para nós, o mundo parou

José Maria Ramada

Fica apenas esta noite

Fica meu amor
Fica apenas esta noite
Fica e senta-te junto a mim
Sente o calor do meu corpo
E perde-te nos meus olhos
Beija os meus lábios levemente
Aperta-me forte contra ti
Quero sentir-te
Ter-te bem junto de mim

Neste momento de ternura
Fica em silêncio
Por favor
Já chega o bater dos nossos corações
O respirar ofegante dos nossos peitos
Vamos ficar assim,
Em silêncio, abraçados
Na companhia da noite e da Lua
Beija-me e ama-me
Por favor, apenas esta noite
Até o nascer do Sol
Beija-me e ama-me
Apenas esta noite, fica comigo
Fica meu amor
Apenas esta noite

As crianças deste jardim

Seguindo meu destino
Caminho muitas vezes no vazio
Vou dia a dia regando as plantas deste jardim
Amo as rosas, os gladíolos, os lírios e até os catos
Planto aquelas mais sensíveis à sombra
Dando-lhes um carinho especial
Escolho uma árvore alheia e sento-me à sua sombra Olhando-as de
longe
Nem sempre é suave viver só, sofrer sem uma flor mãe próximo
Sem uma outra flor amiga, brincando a seu lado
A realidade é o dia a dia, vivendo um de cada vez
Lutando para que sejam iguais a nós próprios
Cuidando das flores deste jardim,
Vou-me orgulhando do que faço
Sofrendo a cada passo
Mas sorrindo,
Ainda que muitas vezes magoado
Com as flores do meu jardim
Para elas sei que nem sempre é suave viver só
Nobre seria viver simplesmente num belo jardim familiar plantado
Viver sim, com alegria

Seguindo meu destino, neste jardim
Vejo muitas vezes de longe as flores também sofrendo
O seu brilho não é o que queriam,
Nem o perfume das belas pétalas, que as viu nascer
Interrogo-me, porquê?
Mas, sem encontrar resposta, continuo regando as flores deste jardim
Serenamente, tento ir até elas,
Fazendo com que elas sejam iguais a mim
Porque as crianças que habitam este jardim
Há muito que estão no meu coração

José Maria Ramada

Se eu fosse

Se eu fosse um mês, seria setembro
O mês que me viu nascer
Se eu fosse um dia, seria Sexta-feira
O dia que minha mãe por mim começou a sofrer
Se eu fosse uma hora no dia, seria as três da manhã
A hora em que comecei a viver
Se eu fosse um astro, seria a Lua
Que tanto gosto de admirar
Se eu fosse uma direção, seria o Norte
O rumo certo para amar
Se eu fosse um adorno, seria um quadro da parede
Pois a vida é pintada de mil cores
Se eu fosse um líquido, seria a água límpida e corrente de um rio
Recordando os meus tempos de criança
Se eu fosse uma pedra preciosa, seria um diamante
Mais belo e brilhante como tantas e tantas lembranças
Se eu fosse uma árvore, seria um pinheiro
A árvore que nos recorda o Natal
Se eu fosse uma flor, seria uma rosa
A mais bela e perfumada das flores
Mas tal como a vida tem espinhos, que devemos saber ultrapassar
Se eu fosse um clima, seria ameno,
Como o dia a dia que a todos quero desejar
Se eu fosse um instrumento, seria uma guitarra
Para belos sons poder pelo mundo emanar
Se eu fosse um elemento da natureza, seria o ar
Límpido e puro sem cheiro nem cor
Se eu fosse um animal, seria uma pomba branca
Símbolo da paz e do amor
Se eu fosse um som, seria o som suave da brisa do Norte
Que me acaricia as faces nas noites de sofrimento
Se eu fosse um sentimento, seria a amizade
Se eu fosse um lugar, seria a praia

José Maria Ramada

Fonte de inspiração para tantos dos meus poemas
Se eu fosse um gosto, seria o sabor de um beijo
Se eu fosse um cheiro, seria o perfume da canela
Se eu fosse uma expressão facial, seria um sorriso
Que poria nas faces de cada criança
Se eu fosse uma estação, seria a primavera
Para que pudesse proporcionar no mundo uma vida que fosse florida

CUSTE O QUE CUSTAR

Custe o que custar, seja como for
Não me posso calar, nem guardar rancor
O que passou, passou
Não volta nunca mais
Foi bom enquanto durou
Mas agora tanto faz, acabou

Vou partir, seguir sozinho
Para onde não há dor
E quieto ficarei, para não continuar a sofrer
O tempo vai passar
Vou deixar os minutos, horas e dias rolar
Tentar sobreviver, talvez quem sabe
Quando eu menos esperar
Tudo pode acontecer.

Tudo poderá mudar
Assim tem de ser, o tempo vai passar
Vou ficar por aqui neste mundo, tentar ver
O amanhã, não sei
Não sei como será
Será que vou sobreviver?
Sim, sobreviver para te contar

Choro sozinho

Na imensidão da noite
Olhando a Lua e o céu estrelado
As lágrimas caindo pelas faces
Como se toda a dor da alma
Pudesse minimizar este tormento
Choro, sentindo a dor no peito
Apenas me veem as lágrimas
Os pássaros noturnos, a Lua e as estrelas
Choro
Solitário na imensidão da noite
Apenas tenho o meu peito para naufragar
Chorar sem ninguém ver
As lágrimas caindo pela face
Tudo está chegando ao fim
Apenas a Lua e as estrelas
Testemunham a minha dor
E o chão árido, as minhas lágrimas
Quando choro sozinho

DESDE QUE TE PERDI

Não sei onde estás
Mas a verdade
É que pela tua felicidade
Eu brindo sozinho neste bar
Esta é a triste realidade
Sempre se passa o mesmo
Quando mais um dia chega ao fim
Tu não estás junto de mim
Agora que tenho a prenda que me falaste
Apenas resta a foto em que estou junto de ti
Apertando-te contra o meu peito
Digo: mais um dia sem ti
As luzes da rua e até as árvores
Parece que falam de ti
E entre as gargalhadas e sorrisos de outros
Sei que não estás aqui
E, mais uma vez, sozinho sem ti
No espelho do meu quarto
Vejo o meu rosto de sofrimento
A agonia de mais um dia
Um dia passou
E esta solidão abate-se sobre mim
Recordo mais uma vez
O dia em que te perdi

Nas tuas asas meu anjo

Nesta noite escura,
Fechei os olhos
Vi o teu sorriso,
Teu corpo baloiçando nas ondas do mar
Um terno raio de luar
Faz brilhar teus lábios
Quero ficar assim
Toda a noite
Esperarei o amanhecer
Para voltar a ver-te sorrir

De olhos fechados
Quero dormir em teu peito
Dormir no teu coração
Quando dormes feliz
Depois do último beijo
Da última carícia
Quero dizer: espera, não vás já
Quero continuar a sonhar
Com este anjo que encontrei
No momento em que pensava ter perdido a alma
E em silêncio novamente
De olhos fechados
Sentir-te envolver-me
Nas tuas doces asas a levares-me pelo mundo
Que jamais pensei descobrir.

Caminho de ilusões

Caminho por aí
Seguindo à sorte
Mas tudo vai bem
Nada corre mal
O céu azul
É uma imagem genial
Hoje nem li o jornal
Abstenho-me da realidade
O mundo sai da sua gravidade
E na verdade não sou nada
Apenas a fantasia de um louco
Que vive longe da realidade
Fantasias quem sabe
Que com o vento vão e vêm

Eis que surge diante de mim
Uma beleza total
O ano passará a ter doze meses de primavera florida
Em que as pessoas amam e são amadas
Mas de repente uma voz me desperta
Outra vez aquela voz de sempre
Que me diz que são ilusões
Fantasias e visões
De um mundo melhor
Necessárias num sonhador
Fantasias que enchem a minha imaginação

Cansado e desgastado

Desgastado
Coração desgastado e cansado de sofrer
Hoje estou cansado
Hoje não estou triste
Apenas e tão só, cansado, cansado de sofrer
Não sei se me quero deitar, dormir ou descansar
Ou se pelo contrário continuar
Continuar mesmo cansado para nunca desistir
Mas eis que até na pessoa mais cansada
Desta vida de sofrimento passar
O amor pode despertar
Até quando e como tudo isto aguentar
Desgastado
De por todos ser apontado
Como o que não sou, nem nunca serei
Quero ser o que desejo
Nunca aquilo que os outros desejam que eu seja.
Amar para ser amado
Desejar para ser desejado
Mas depois de mais um dia passado
Sinto-me deveras cansado
Diria até desgastado
De amar sem ser amado
Mas, acima de tudo, de sofrer
Estou cansado de sentir
O coração a morrer

Palavras

Palavras
Fazem meditar
Acreditar e sonhar
No silêncio da noite, a tua visita
Mesmo sendo uma visita silenciosa
Os meus olhos leem.
Devoram e percorrem
Mesmo que sendo palavras voando
No silêncio da noite,
Nas alturas destes montes
Na profundeza daqueles vales
Nas tuas palavras, consegui ouvir e sentir a emoção
Quem sabe, para quem ler até rir
Mas a verdade é que todos, todos sem exceção
Caminhamos pelas jornadas do destino,
Damos mais ouvidos ao coração do que à própria razão
Todos temos obrigações a cumprir
Seja a chorar ou a sorrir
Quantas vezes, meu Deus, buscamos um consolo, um carinho
Até a atenção neste mundo imaginário.
As tuas palavras voltam à minha mente
Depois de passarmos um dia juntos
Concordo contigo
Nesta vida se quisermos colher
Primeiro temos de semear
Nascer, viver e amar
Às vezes o que aparenta ser nosso sonho
Não passa de um pesadelo
Não é o que nos faz felizes e então,
Por muitas perguntas que possamos fazer,
Não encontramos as respostas,
Então nunca iremos saber
Simplesmente o tempo

José Maria Ramada

Determina a vida.
São aquelas palavras sem sentido
Aquelas que nos acontecem e nos surpreendem,
São os mistérios inexplicáveis.
Quantas vezes coisas palpáveis
Mas que para nós são, apenas, palavras

Preciso de ti, és a minha luz

Preciso de ti
Preciso de ti para poder amar,
Para poder sentir e desejar
És o calor da minha alma,
O que faz vibrar o meu coração
Contigo consigo sonhar.
Posso voltar a acreditar
Que ainda sou capaz e sei amar.
Em ti encontro a felicidade
Aquela desejada cumplicidade
De um amor profundo.
Deixo calar mais fundo
A dor que sinto na alma
Quando estou contigo, sou capaz
De me sentir novamente um rapaz
De desnudar minha alma, meu coração
Te entregar todo o meu ser.
Contigo sonhar e viver
Quero perder-me em teu olhar
Entregar-me a desconhecidos sentimentos
Mesmo que seja apenas por momentos
Meu amor
Deixa-me deitar a cabeça no teu peito
Quero sonhar junto de ti
Sentir o teu calor, o teu sabor, o teu cheiro
Quero sentir o quanto é bom amar com o coração
És o meu destino, o Sol que me ilumina
És no fundo a minha luz
És força que me conduz

Tenho-te dentro do meu peito

Tenho-te dentro do meu peito
Neste coração desfeito
Quero amar-te
Amar-te, do meu jeito
Sem nenhuma condição
Apenas uma, de te ter e dar o meu coração
Abraçar-te
Entre os meus braços, beijar-te
Teu corpo junto ao meu,
Apenas tu e eu
tua boca colada na minha
Sentir-te vibrar de paixão
Ouvir o grito deste coração
Sentir-te no meu ouvido
E dizer-te: és a minha paixão.
Continuar nesta loucura de eternos apaixonados
Teu corpo acariciar
Teus olhos fixos olhar
E não te ver chorar
Beijar-te com prazer
Fazer amor com carinho
Na nossa cama, no nosso ninho
Amar-te eternamente do meu jeito
Eternamente guardar-te no meu peito

Acreditei

Tuas palavras ainda soam nos meus ouvidos
Acreditei nos teus sentimentos
Confiei tão cegamente
Que em tuas mãos depositei
O bem mais precioso de mim
Sentia-me tão bem assim!
Meu coração e meu amor

Hoje,
Nas noites escuras com recordações deste amor
Tento curar minha dor,
Navegando perdido nos caminhos da vida
Percorro a jornada do destino.
O teu amor deu-me asas,
Fez-me voar no horizonte dos sentimentos
E assim aprenderam a te amar em silêncio,
Guardar-te na alma e a sentir-te no coração
Com as mãos tentei alcançar as estrelas,
Erguer-me bem alto e apoderar-me do Sol
Mas não consegui
Como não consegui ter-te a ti

Hoje quanta saudade, quanta mágoa e dor
Flutuando em meu interior
Neste silêncio suspiro,
Este nosso amor
Porque sei que nunca serás minha
Como eu sempre fui teu
Teu amor nunca será meu
Terminaram as emoções,
Resta levantar-me, caminhar e seguir
Mesmo sem ti

José Maria Ramada

Que mistério és?

Que mistério és?
Tão distante e tão ausente
Ao mesmo tempo tão presente
Não te sinto, nem vejo
Nem tão pouco sei quem és
As tuas palavras apenas
Sinto algo que te identifica
Mas não compreendo o que significa
Não entendo, nem sei
Às vezes é melhor não entender
Não saber
Mas uma coisa que te digo,
És uma pessoa simples de sentimentos
Podem ser por momentos
Mas alguém sem sentimentos e sem coração
É como um ser sem razão
Alguém que nada sente
Nada tem para oferecer,
E nem sabe receber
Acredita é melhor sofrer, mas poder sentir e amar,
Do que ter uma pedra gelada no lugar do coração
No fundo para tudo há uma razão
É como morrer sem conhecer o que é viver
Sem ele nosso caminho é escuro e vazio.
Que teu coração encontre a luz e o calor do amor,
Para poder brilhar e aquecer
Nunca, nem nada esquecer
Reconheço que a dor do amor é o sofrimento maior da vida.
Mas o amor também é o paraíso da nossa alma
Tudo mais não é do que a razão.
Não, não feches as portas ao coração,
Dá-te sempre, devemo-nos dar
Porque dar é receber
A oportunidade de ser feliz e amar

A minha vida mudará

Mudará
A minha vida mudará,
O vento sopra a meu favor.
Até pelo rosto uma lágrima de alegria cai,
Mas, um dia ou outro,
Mudará
Olhando a Lua cheia,
Pensarei em ti
E não deixarei de te amar,
Nem esquecerei este momento
Sei que mudará
Quando a Lua voltar
A tristeza partirá,
Basta fechar os olhos fortemente,
Apertar os punhos com força.
Gritando mais forte que o vento.
E continuar a olhar a Lua
Sentir o vento que sopra a meu favor
Para em tudo me ajudar
A não esquecer este amor

Mudará
Mesmo que o mundo pare de girar
Mesmo que a Lua nessa noite não volte para iluminar
Mesmo que o vento deixe de soprar
Mesmo que tudo por um momento possa parar

Mudará.
Verás que mudará,
Porque a vida é amor
E o amor magoa mais que o vento
Mas um dia
Tudo mudará

Guarda no teu coração

Não estejas à espera que o vento sopre na tua direção,
Nem corras atrás do vento;
A vida está dentro de ti,
Viver este dia é o melhor que podes fazer.
Não deixes alguém à espera da tua palavra
Abre o coração e olha para a dor da humanidade.
Ao teu lado pode estar alguém que sofre em silêncio.
Não te feches nem te retenhas apenas nas coisas boas,
Solta, liberta o teu melhor,
Há muitas mãos estendidas
Há muitos rostos a chorar,
Há muitas vidas que precisam de ti
Há fome, há luta, há dor no mundo
Sobretudo, na alma das pessoas.
Podes, se acreditas.
Experimenta hoje mesmo.
Amanhã poderá ser tarde
Porque a tua palavra ficou presa na garganta
Porque a morte se sobrepôs à vida.
Não retenhas a tua fidelidade,
O teu gesto de amor, a tua solidariedade,
A tua amizade e o teu melhor sentimento.
Não sabemos o que nos espera no próximo momento,
Uma existência toda se esvai num segundo determinante.
Faz a tua parte no Mundo.
Não silencies, não omitas.
Podes ter a certeza, algum coração está neste momento a bater por ti.
Uma alma ferida que precisa das tuas palavras,
O amigo que espera o teu gesto,
Um faminto que espera o pão
Um doente que espera a cura
Alguém que nem conheces
Deseja intensamente estar vivo
Alguém que deseja reencontrar o seu lugar no Mundo
Não esqueças,
Porque o Mundo é cada um de nós

José Maria Ramada

Da ilusão à realidade

Vivo, como noutros dias,
Com ilusões e desilusões
Amor e sofrimento
Esquecendo-me de mim mesmo
Perdi-me entre a tua imagem
O Sol de novo chegou
Por detrás da montanha
E sobre a minha cabeça
O sereno amanhecer daquele dia triste
As nuvens que escurecem o dia
São as mágoas e tristezas da minha vida
Para que seu brilho me ilumine
E sua luz, quente e radiante, me alerte
Para que o Sol chame a minha atenção
Preciso de ti, da tua presença
Para que com o surgimento da Lua
O sereno luar, de um pôr do sol diferente
Me faça novamente sonhar
Sonhar e acreditar que um novo Sol amanhã nascerá
Não coberto por negras nuvens
Mas belo como Lua desta noite.
Então minha ilusão já não será desilusão,
Pois será realidade
Tu estarás de novo junto de mim
Para de novo de mãos entrelaçadas
Tudo mudar e ser realidade

Sinto a tua falta

Neste silêncio da noite,
Sinto a tua falta
Nesta escuridão, tenho medo
Mas pouco a pouco acostumo-me
Procuro e não te encontro
Triste, na imensidão da noite, tu não estás
Enquanto não adormeço, penso em ti
Não esqueço momentos que contigo vivi.
Mas também, noutros que sofri
Até quando isto?
Volta, não me deixes nesta escuridão
Volta amor, tenho-te no meu coração
Esta dor que mata com a tua ausência
Cada minuto que passa, nesta escuridão,
Para mim é uma longa eternidade
Volta a iluminar as minhas noites
E assim terminar com minha solidão
Volta se puderes
Ainda esta noite.

Pensando na minha vida

Quando penso na vida
Sinto uma nostalgia e tristeza
Que em nada me deixa saborear o sabor da felicidade
Convenço-me que nada existe
Que me traga a felicidade sonhada
E que nem chegará o dia em que alguém me amará pelo que sou
Assim, mais um dia com este pensamento
Na solidão do meu quarto me deito

Novo amanhecer, nova pergunta
Porquê continuar a viver?
Quantas vezes penso que posso mudar o mundo
Fazendo a minha parte e dizendo: mudar
Quantas vezes penso que posso voar para a felicidade
Dizendo apenas: voar
Quantas vezes penso se serei feliz
Dizendo apenas: felicidade

Quantas vezes mudei, apenas em pensamento?
Muitas mais voei com o coração
Quantas vezes fiz feliz e fui feliz, apenas com a fantasia
Mas também com muitos, mesmo muitos medos
Dias que vivi sem esperar
Dia em que acreditei, mas nada aconteceu
Perdi um sonho
Uma ilusão até,
Enganos, muitos mais enganos
Sem poder corrigir onde muitas vezes falhei

Um novo anoitecer, novamente na solidão da noite
Porquê continuar assim?

Que posso fazer com um gesto,

Que posso fazer para não perder a esperança
A vontade de voar
A força de acreditar de novo no amor
Quero acreditar, nunca desistir, sonhar e amar
Porque só assim para mim o mundo
Continuará a brilhar.

Sempre a sonhar

Um sonho alado que nasce num instante
Erguido ao alto em horas de demência
Gotas de água que tombam em cadência
Numa alma triste e distante
Sou eu a sonhar

Onde estás?
Qual desejada infanta
A que há de vir e amar-me em doida ardência
A das horas de mágoa, tristeza e impotência
A princesa encantada, a eleita, a amante
Sempre eu a sonhar

E neste sonho
Já nem sei quem sou
O brando prazer dum longo beijo
Que não chegou a dar-se, mas que passou

Um fogo que arde
Mata pouco a pouco, talvez
Eu ando a procurar-te e já te vejo
Tu tens-me a teu lado e não me vês
Mas sonho que sou teu

Carta para ti

Hoje sentei-me, a pensar em ti
E escrevi
Como um todo, como se fosses o Mundo
O amor que brota quando olho para ti
Vi-te desabrochar, crescer e viver
Sei que neste momento que escrevo
Não irás dar o merecido valor
Àquilo que te quis dizer

O tempo por nós irá passar
Mas tu nem te dás conta
Que alguém vive a te amar
Quem sabe, talvez um dia, ao leres
Irás chorar
Mas não são as tuas lágrimas que pretendo
Apenas abrir teu coração
Mostrar-te a voz da razão

Sim, a vida.
Nem que seja só por um instante
Em toda a sua magnitude
Que te deu para tomares essa atitude,
Clara na tua vida
Da qual dependem outras
Como a minha, por exemplo, e de todos aqueles que te amam
Eu sei que não és egoísta
Confio em ti, és apenas criança
Mas e tu?
Gostas da criança que há em ti?
Responde-me, podes anos demorar
Pois o tempo que por ti esperarei
Nunca se irá esgotar.

UM MUNDO VIRTUAL

Nesta pequena tela de sonhos
Onde por momentos nos refugiamos
De noite ou de dia
Por obra do acaso ou da monotonia
Eis que pessoas chegam de mansinho
Enchem este espaço virtual de carinho
Sem qualquer aviso
Despertam em nós a ternura
Que há muito não davam conta existir
Levam-nos muitas vezes à loucura
De desejar mais e mais voltar
E com eles estar, mais uma vez

Pessoas especiais,
Que aprendemos a amar
Num jogo colorido de palavras
Que sem podermos leva a acarinhar
Com todas as letras e tons
Que em nós possam caber
Na saudade espaçosa da lembrança
Esquecendo sempre que no mundo virtual
Existe uma distância.

Pessoas muito amadas
Outras vezes não lembradas
Que procuramos reencontrar
Nas esquinas da vida
Num rosto amigo recordar
Este é o coração de menino
Que vagueia entre páginas virtuais
Mundos de fantasias, tão longe dos reais
Sorriso de anjo da guarda
Palavra de conforto e carinho

José Maria Ramada

Que em nós outras vezes se crava como espinho
Perdido em algum dos quatro cantos do mundo
Vagueando para lá do horizonte
Mas sentido como que em cada monte
Quando nos deparamos com uma flor
Este é o mundo virtual de um falso amor.

De olhos fechados, escrevo

Amiga
Claro que és minha Amiga,
E um amigo apenas deseja o bem
É para isso que servem os amigos também
Serem um pouco de tudo e muitas vezes quase nada
Mas sempre presentes mesmo quando ausentes
Embalar na alegria e felicidade
Como que fazendo uma balada
Entre as ondas e o seu som à beira-mar
As estrelas a contemplar
Lado a lado, caminhar
E assim poderias esquecer
As tuas tristezas e o teu sofrer
Amigo é mesmo assim,
Só mesmo um amigo
Consegue em nossos lábios estampar
Um sorriso e uma alegria no olhar
Sério? Fiz-te rir?
Só faltou mesmo dizer contemplar
A Lua,
Ouvir as ondas e caminhar
Maravilhoso, prefiro ouvir-te falar assim
Sei que estás a pensar em mim
És uma querida
Contigo a meu lado faria o mais belo poema ao luar
Sabes, escrevo de olhos fechados
Sonhando, imaginando como seria
Divagando em fantasias até ao nascer de um novo dia

Viajando no amor

Afasto-me sempre e cada vez mais
Na janela apenas as gotas da chuva
A mágoa e a tristeza deste amor
Imagens que passam duma vida de sofrimento e dor
Um túnel, e as imagens negras de momentos da vida
Daqueles dias de amargura e solidão
Que também bateram à porta deste coração
De novo a claridade, a chuva a cair
O desejo de amar e ser amado
Como alma desesperada
Desprendo-me de tudo e fecho os olhos
Vagueio pelo horizonte, num mundo sem cor
Quem sabe em busca de um amor
Talvez impossível de encontrar
Mas que continuo a procurar
Mesmo, continuando assim a viver
Chorar, sorrir e sofrer
Estou a viajar
Não no tempo mas na realidade
Viajando neste amor
Que me faz despertar
Com o desejo de te encontrar
Num terno beijo e abraço
Ser feliz e amar

Princesa da noite

Em sonho vagueava na noite
À tua frente a caminhar
Tu sozinha, perdida,
Qual princesa deste belo luar
Não me podias encontrar
Acenava-te dizendo adeus
Mas não te queria abandonar
Meu coração chorava, ao sentir teus ais
Um sorriso e um beijo teimava em te mandar
Enquanto continuava a me afastar.
De mão estendida continuavas, em minha direção a caminhar
Sabes, a distância e o mar
Podem nos separar
Mas o momento, sim o momento mágico
De um dia nos fazer encontrar
Continua sobre as nossas mentes a sobrevoar.

Porque continuo neste sonho a me afastar?
O teu desespero era maior
Quanto mais me afastava
Mais teu coração apertava
Sentias um vazio
De alguma forma me perdias
Nem imaginava o quanto sofrias
Por me estares a perder
Eu, o plebeu que um dia te encontrou
E tu a princesa, que com um príncipe sonhou
A neblina da noite cada vez mais intensa
Apagava o vulto que se afastava
De alguém a quem em sonhos amavas
E teu coração voltava a sofrer
Por este vulto se afastar e estares a perder
Não chores, um dia voltarei

José Maria Ramada

Não longe de ti, mas a teu lado caminharei
Serei o teu príncipe sonhado
O amor desejado
E tu a princesa da noite
Que num dia de nevoeiro encontrei
Serei teu,
E para sempre te amarei.

RESPIRO POESIA

Quero respirar poesia
Quando desejo luz da Lua
No suave entardecer de um dia
Em que te imagino nua
Só minha.
Nesta noite triste de luar
Quero em ti pensar
Só minha e te amar
Poesia respirar
Nesta noite de luar
Na ilusão que me trouxeste
Quero sentir a lua, minha
Minha, como tu, de mais ninguém
Tal como esse luar que me deste
Pois desde que partiste
Nunca mais tive a luz da Lua
Sinto a prisão de não te ter
Como garras que magoam
Que me afogam numa praia
De tudo o que é dor
Sinto o teu sorriso
E, mais uma vez, respiro poesia
Neste momento, neste dia
Na noite silenciosa, sem luar
Como sentir a Lua escura de não te amar
A escuridão da dor de chorar
Dar asas de novo ao coração
Ter o luar para saborear
Viver de novo a paixão
De novo a meu lado te encontrar
Nessa noite de Lua cheia
Amanhã, no amanhecer de um novo dia
Porque só assim é respirar poesia

José Maria Ramada

Olá

Olá, boa noite
Como estás?
Tu sozinha aí
E eu aqui
Fala comigo
Apaga um pouco esta solidão
Ajuda-me um pouco a passar esta dor
Que me vai no coração
Olá
Não sais daí?
Sempre só nessa imensidão
Vem para junto de mim
Termina assim a nossa solidão
Eu aqui, nesta cozinha
E tu nessa escuridão
Não te vejo, mas sei que estás aí
Olhando para mim, como eu para ti
Imaginando-te, só, tão só
Por isso te digo:
Olá, boa noite
Sinto-me bem na tua companhia
Quando falo contigo
Tendo por fundo as poucas luzes
Daquela aldeia e a escuridão
Mas sabes,
És essa árvore despida
No meio da neve branca e da imensidão
Que me responde
Através do coração

Frio

Frio
Mãos geladas
Coração frio
E a distância
Algo nos une, muito nos separa
Tu e eu, apenas nós
Nesta imensidão branca
E o frio

O vento gélido do Norte
Não me traz notícias tuas
Apenas o sussurro do nada
E o frio
Olhei o Céu
Pensando ver nele a Lua e as estrelas
Mas não estavam lá
Apenas um vazio
Deste Mundo ingrato
Vida tão dura
Apenas eu,
Mais uma vez senti
Nesta imensidão branca
E outras vezes na escuridão
Que tu sempre estás aí.

Desejo

Desejo a todos os amigos
Que encontrem o sentido da vida
Que encontrem o caminho, e sejam felizes
Desejo aos escuteiros do Mundo
Que Deus nunca os abandone, sempre os leve pela mão
Que tenham cada ser humano no seu coração
Desejo a todos os cibernautas
Que sejam livres como as borboletas
Voando de flor em flor e encontrem em cada uma o perfume da vida
Desejo que as crianças nunca chorem
Mas sempre cantem e sorriam
Desejo aos mais idosos
Que sejam felizes neste final do caminho da vida
Alcancem a glória, sem medo e sem pressa
Desejo a quem chora
O consolo de olhar as estrelas, a Lua e o céu,
Ver a beleza que os rodeia e a plenitude da felicidade
Desejo que sonhem, com coisas belas
Que as alcancem e sejam felizes
Desejo que ninguém seja acompanhado pela tristeza
Que ninguém transporte o peso da amargura
Que cada um diga e ouça palavras de sinceridade
Enfim.
Desejo que todos vivam em felicidade

Livros editados

Flauta Partida
maio 2012   1ª edição
junho 2012   2ª edição
agosto 2012   3ª Edição
outubro 2012   4ª Edição
março 2014   5ª Edição

A Viagem
abril 2014 1ª Edição

"Os que nossos olhos viram e corações sentiram"

ÍNDICE

Made in the USA
Monee, IL
07 July 2026